가족의 역사를 씁니다

가족의 역사를 씁니다

어느 재일 사회학자가 쓴 가족의 생활사

박사라 글 · 김경원 옮김

원더박스

제주도

제주도 행정 구역 명칭은 제주 4·3사건이 일어난 시기를 기준으로 했음.

가계도

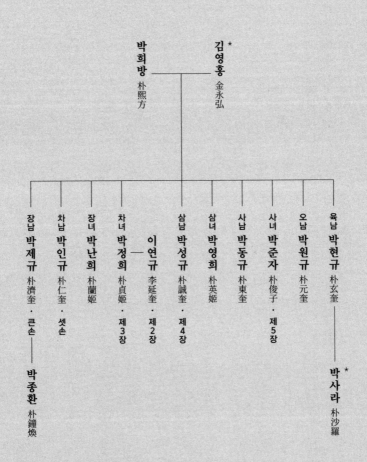

김영홍 * 金永弘

박희방 朴熙方

장남 박제규 朴濟奎 · 큰손 ——— 박종환 朴鐘煥

차남 박인규 朴仁奎 · 셋손

장녀 박난희 朴蘭姬

차녀 박정희 朴貞姬 · 제3장

이연규 李延奎 · 제2장

삼남 박성규 朴誠奎 · 제4장

삼녀 박영희 朴英姬

사남 박동규 朴東奎

사녀 박준자 朴俊子 · 제5장

오남 박원규 朴元奎

육남 박현규 朴玄奎 ——— 박사라 * 朴沙羅

일부 가명, *는 여성을 나타낸다.

차례

일러두기

· 한글로 번역 출간된 도서는 한글판 제목만 표기하고, 그렇지 않은 도서는 원서 명을 병기했다.
· 인터뷰 말미의 괄호에 인터뷰가 진행된 날짜를 적었다.
· 미주는 저자 주, 각주는 옮긴이 주이다.

여는 글

우리 친척이 좀 '별난' 사람들 같다는 사실은 알고 있었다.

아버지는 재일코리안[*] 2세, 어머니는 일본인이다. 아버지는 10형제(일찍 죽은 사람을 포함하면 11형제)의 막내아들이고 어머니는 외동딸인데, 일본에 건너와서 태어난 사람은 아버지뿐이다. 다시 말해 나에게는 재일코리안 1세(일본에 이주해 온 제1세대) 큰아버지와 고모[**]가 아홉 명(배우자를 포함하면 열여덟 명) 계시다. 큰아버지와 고모 들은 각각 한 명에서 네 명까지 자식을 두고 있다. 그들은 거의 오사카(大阪)에 살고 있다.

원래 그들은 제주도 조천면(朝天面) 신촌리(新村里)에서 일본으로 건너왔다['면'은 일본 행정구역으로 말하면 '촌'에 해당하고

---

[*] 이 책에는 저자의 병기를 존중하고 역사적 맥락을 고려해 '재일코리안'과 '재일조선인'이라는 용어를 둘 다 사용했다.

[**] 저자의 부친이 막내아들이기 때문에 부친의 형들인 남자 친척은 큰아버지로 표기하고, 누나들인 여자 친척은 고모로 표기했다. 큰아버지는 아버지로 대체 불가하지만, 큰고모는 고모로 대체 가능하므로 고모로 표기했다.

'리'는 '오아자(大字)*에 해당할 것이다]. 제주도는 한반도 서남 바다에 있는 화산섬으로, 여행사가 '일본에서 가장 가까운 해외 리조트'라고 선전하는 곳이다. 대략 가가와현(香川県)만 한 이 섬에는 중앙에 대한민국에서 가장 높은 한라산이 우뚝 자리 잡고 있고, 푸른 바다, 웅대한 폭포, 깊숙한 동굴이 있다. 강풍이 자주 부는 곳이라 집 주위에 돌담을 쌓았고, 고등어, 갈치, 흑돼지고기가 아주 맛있다.

재일코리안이라고 일컫기는 해도 각자 이력도 다양하고 처지도 다르다. 일본이 한반도를 점령해 식민 통치를 하던 시절에 이런저런 경위로 일본에 이주해 온 사람들과 그들의 후손, 2차 세계대전 후 곧바로 일본으로 이주한 사람들(이상 올드커머), 1980년대 후반부터 1990년대 초에 걸쳐 출입 관리 및 난민 인정법을 개정한 이후 입국해 정착한 이른바 뉴커머 등이 재일코리안 범주에 들어간다. 국적도 대한민국, 일본, 또는 무국적 상태 등 다양하다.[1]

내가 대학을 졸업할 즈음까지 아버지의 친척들은 해마다 최소한 세 번 모였다(설날, 할머니 제사, 할아버지 제사). 그 자리에서는 가끔 남이 이해할 수 없는 내용을 가지고 큰아버지와 고모 들이 침을 튀기며 말씨름을 벌인다. 그러다가 급기야 주

＊   일본의 말단 행정 구획의 하나. 마치(町), 무라(村) 아래로 몇몇 고아자(小字)를 포함하고 있음.

먹다짐이 벌어지는 일도 적지 않았다.

내가 초등학생일 때는 몇 년에 한 번씩 친척끼리 모여 제주도에 사는 친지를 방문해 성묘도 하고 벌초도 했다. 생김새와 체형이 똑같은 사람들이 쉰 명쯤 산속에 들어가 막 풀을 베어 낸 땅에 머리를 조아리고 절을 한 다음 음식을 나눠 먹는 행사였다. 그때 찍은 사진이 지금도 본가에 있다.

산 중턱에 있는 할머니의 묘는 해가 잘 들고 앞이 살짝 트인 곳이다. 할머니의 묘 바로 옆에 키가 큰 소나무가 서 있다. 할머니가 생전에 그곳을 좋아하셨던 듯하다. 내가 태어나기 5년 전에 할머니는 돌아가셨지만, 그런 이야기를 들으면 아무것도 모르는 주제에 살짝 서글프기도 하고 살짝 기쁜 마음이 들기도 했다.

내가 태어나고 얼마 지나지 않아 할아버지가 돌아가셨다. 장례를 치르는 자리에서 큰아버지들은 할아버지를 어디에 모실지 의논했다. 오사카냐 제주도냐, 할머니와 합장하느냐 마느냐, 두 분은 사이가 나빴으니까 합장을 해서는 안 된다는 둥 말다툼을 벌이며 할아버지 영정 앞인데도 아랑곳하지 않고 치고받았던 것 같다. 그 모습을 지켜본 외할아버지는 몹쓸 집안에 딸을 시집보냈다고 내심 혀를 찼을 것이다.

내가 세 살쯤 되었을 때 무슨 일인지 친척들이 교토(京都) 아라시야마(嵐山)에 꽃 구경을 갔다. 그리고 아니나 다를까 서로 또 치고받았다. 맥주병이든 소주병이든 가리지 않고 손에 쥐고 싸웠기 때문에, 보다 못한 주위 사람이 경찰에 신고했다. 하지만 큰어머니들에게 "사촌들끼리 싸움박질하는 거니까 내버려 두세요" 하는 말을 듣고 경찰관은 아무 조치도 취하지 못한 채 발걸음을 돌렸다고 한다. 나중에 어른들 말씀이 그때 나는 다른 사람 도시락에서 좋아하는 함바그*만 골라 먹으면서 "그렇게 싸우면 안 돼요!" 하고 소리쳤다고 한다.

이 책에서는 이렇게 별난 사람들이 언제 어떻게 하필이면 오사카에 왔고, 어떻게 살아왔는지 써 내려가려고 한다. 말하자면 가족사를 기술하려고 한다.

등장인물은 고모 두 분과 큰아버지 한 분, 고모부 한 분이다. 연령순으로 열거하면 이연규(1925년생, 2011년 사망. 몸이 작고 성격이 유순하고 웃는 얼굴이 귀염성 있는 고모부), 박정희(1935년생. 이연규의 아내로 아버지의 작은누나. 속사포처럼 이야기를 쏟아내는 것이 장기. 강렬한 존재감을 자랑하는 여성), 박성규(1938년생, 2011년 사망. 겉으로 방탕한 이미지를 풍기긴 해도 달콤한 팥소떡을 좋아한다), 박준자(1944년생. 오사카의 아줌마라는 점을 감안하더라도 외모가 화려한 편이다), 이렇게 네 분이다.

이들은 모두 1948년 제주 4·3 사건이 일어난 뒤 오사카로

✿　햄버그스테이크를 가리키는 일본어. 음식 이름을 가리키는 고유명사에 가까우므로 일본어 원음대로 표기했다.

다시 이주했다. 그 후 70년 가까이 오사카에서 일하고 결혼하고 아이를 키웠고, 몇 분은 이미 세상을 떠났다. 오로지 할머니만 생전에 제주도로 돌아가 그곳에서 숨을 거두셨다.

나는 그들의 내력을 전혀 모르고 지냈다. 옛날부터 친척들의 과거가 궁금하기는 했지만 물어보거나 조사해 본 적도 없고, '1945년 이전의 어느 시점엔가 일본으로 건너왔겠지' 하고 막연하게 생각했을 뿐이다.

그런데 고등학교 2학년 때, 박정희 고모가 무슨 바람이 불었는지 "그때 바다에 배가 가라앉아 죽을 뻔한 일이 있었지" 하는 말을 불현듯 꺼낸 적이 있었다. 그때 나는 처음으로 친척들이 태평양 전쟁(2차 세계대전)이 끝나고 일단은 제주도로 돌아갔다는 사실을 알았다.

어째서? 왜 일본으로 다시 돌아왔지? 그때 고모에게 옛날 일을 들어 두어야겠다고 생각했다. 그렇지만 생각은 생각에 머무르기만 했고, 고교 시절은 동아리 활동과 입시 준비로 사라졌다. 대학에 들어가서는 앞가림하기도 바쁘고, 연애라든지 친구라든지 아르바이트라든지 강의(강의는 거의 듣지 않았지만) 같은 일로 다른 생각을 할 틈이 없었다. 결국 그때 고모가 꺼낸 이야기는 까맣게 잊어버렸다.

학부생일 때 사회조사 강의에서 '누가 대상이든 괜찮으니까 생활사 구술 조사를 해 오라'는 과제를 내 주었다. 강의에서 '생활사'라는 말을 들은 것은 그때가 처음이었다. 생활사란 개인사라고도 한다는데, 좋은 개념인 것 같으니까 고모에게 이야기를 들어 보자 마음먹었다. 반드시 재미있는 이야기를 들을 수 있을 테고, 잘하면 그걸로 졸업논문도 여유 있게 쓸 수 있을지 모른다는 속셈이었다.

그러나 그것은 얼토당토않은 착각이었다. 곤란한 지경에 빠져 허우적대고 고민하다가 다시 조사하고, 연구 모임에 나가 논문을 발표했다가 비판당하고, '아무래도 논문은 내 적성이 아닌' 것 같아 풀이 죽고, "아무래도 상관없으니까 빨리빨리 고쳐서 논문을 내게"라는 지도교수의 한마디가 뒤통수에 날아와 논문을 독촉하기도 했다.

이제야 이런 일 저런 일 겪으며 길을 돌고 돌아 겨우 그때 시작한 일을 책으로 써 보려 한다. 내가 모르는 사람들이 읽어 주면 기쁘기도 하고 부끄럽기도 하겠지만.

큰아버지 한 분(박동규 큰아버지. 여섯 형제 중 넷째)이 옛날에 "네 아비는 네가 박사나 장관이 될 거라고 하던데, 조선인은 장관이 될 수 없어" 하고 말씀하신 적이 있다. 성적 이야기를 했을 때였다고 기억한다. 내 입으로 말하기는 멋쩍지만 친척 또래 아이들 가운데 내가 공부를 제일 잘했다. 고모나 사촌들이 "저렇게 공부를 잘하는데 계집애라 참 안됐지 뭐야" 하고 말하는 걸 들은 적도 있다. 일본 사회에서 자란 여자라면 학교에 들어가는 이른 나이부터 공부를 잘할지, 사랑받는 여자가 될지 정해야 한다. 난 애초부터 후자 쪽이라면 선택하고 말고도 없었다.

이제야 말이지만 큰아버지의 말씀은 안타까움을 드러낸 것이리라. "아무리 네가 학교에서 성적을 잘 받더라도 정치를 움직이는 인간은 될 수 없어. 우리가 살아온 이 사회에 변혁을 일으킬 수는 없다고." 이렇게 말이다. 그러나 저 당시 나는 '음, 그렇다면 박사가 되어야지' 하고 마음먹고 있었다.

오늘날 일본 사회가 변하지 않는 한 나는 장관이 될 수 없을 것이다. 하지만 박사는 될 수 있었다. 큰아버지의 말씀을 들었을 때 나는 당연히 장관은 될 수 없다고 생각했지만, 당연히 박사는 될 수 있으리라고 생각했다.

아무리 돈을 퍼붓는다 해도, 아무리 '대단한 인물'과 알고 지낸다 해도, 내가 조선인에 여자인 이상 일본에서는 장관이 될 수 없다. 그러나 비록 부자가 아니더라도, 집안이 어떻든 누구와 친하게 지내든, 박사라면 얼마든지 될 수 있다.

내가 처음으로 인터뷰한 상대는 박성규 큰아버지였다. 나는 예전에 이분 때문에 심하게 운 적이 있다. 그런 일이 있고 나서부터 박성규 큰아버지와 만날 때는 언제나 긴장했다. 일 년에 몇 번밖에 만나지 않는데도 항상 무뚝뚝하게 대하는 이 조카딸을 그분은 과연 어떻게 여겼을까.

그 후 10년도 넘었을 때 큰아버지께 대학원에 진학했다고 말씀드렸다. 그러자 도대체 대학원이 뭐냐, 거기에 가면 어떻게 되느냐고 물으셨다. "대학원에 들어가면 공부를 더 하고요. 그곳에서 박사가 될 겁니다" 하고 대답해 드렸다. 그랬더니 큰아버지는 "그러면 앞으로 뭘 할 거냐?" 하고 다시 물으셨고, 나는 "우리 집의 역사를 쓸 겁니다"라고 대답했다.

그렇지만 그때는 내가 그런 것을 쓸 수 있다고 생각하지 못했다. 큰아버지도 그런 것이 무엇인지, 어떤 것인지 당최 짐작도 못 했을 것이다. 큰아버지는 뚱한 표정으로 "그런 걸 누가 읽겠냐?"는 말을 내뱉고는 용돈으로 만 엔을 주셨다. 그때도 나는 긴장한 상태였기에 고맙다는 인사나 제대로 했는지 모르겠다. 돌아오는 길에 "사라야, 오늘 네 얘기를 듣고 형님이 무척 기뻐하셨을 게야!" 하는 아버지 말씀을 듣고서야 처음으로 큰아버지가 기뻐해 주셨다는 사실을 알았다.

대학원에 진학하고 나서 친척에게 "넌 무얼 해서 벌어 먹고 살래?" 하는 소리를 들은 적이 있다. 차마 웃지도 못하고 머뭇거리는 나를 대신해 아버지가 나서서 갑자기 "이 애는 강상중(姜尙中) 같은 사람이 될 거래요" 하고 공표해 버렸다. 나는 당황해서 "무슨 말씀이세요! 그런 생각은 꿈에도 한 적이 없는걸요!" 하고 대꾸했지만 아무도 내 말은 들으려고 하지 않은채, "흠, 강상중 말이지?" 하고 다들 고개를 끄덕였다. 대학원이라는 존재조차 몰랐던 그들이지만 강상중만큼은 알고 있었다. 재일코리안으로서 널리 알려진 유명인은 그들에게 영웅이었다.

대학원에 진학한 지 5년이 지나 박사학위를 취득했다. 전공 분야는 사회학이다. 그렇지만 결국 '우리 집의 역사'를 쓰지 못했다. 역사를 쓰고자 할 때 구체적으로 무엇에 주목해 어떻게 전개해야 하는지 미처 알지 못했기 때문이다.

그렇지만 나는 박성규 큰아버지와 한 약속을 지켜야 한다. 일단 배에 올라타고 말았으니 뭐라도 써서 보여 드려야 한다.

나는 역사를 어떻게 써야 하는지 모른다. 하지만 사회학이 어떤 연구를 하는지는 조금 알 수 있을 것 같았다. 우리가 매일 당연한 듯 살아가는 이 사회가 어떤 규칙, 지식, 신념 위에 성립해 있는지를 보여 주면, 사회학 분야의 연구라고 할 수 있지 않을까.

그래서 이제부터 제주도와 오사카 사이를 오고 가던 재미있는 사람들의 구술사를 써 보려고 한다. 이는 역사인 동시에 사회학 연구도 될 것이다.

제1장

생활사를 쓰다

'우리 집의 역사'라는 말을 꺼냈지만, 실제로는 우리 큰아버지와 고모(그리고 고모부) 들의 생활사를 가리킨다. 그렇다면 생활사를 쓴다는 것은 무엇을 의미할까? 이 질문에 대답하려면 사회조사에 관한 논의를 살펴보아야 하는데, 이 책의 내용과 관계도 있고 해서 여기에 좀 서술해 두려고 한다. 흥미가 없는 독자라면 이 대목을 건너뛰고 다음으로 넘어가도 상관없다.

사회학 연구 분야에 조사(사회조사) 방법으로서 '생활사 조사'라는 것이 있다. 아주 간략하게 말하면 개인의 과거 체험담을 듣고 기록하는 일이다.

조사자는 우선 알고 싶은 내용에 따라 누구한테 체험담을 듣고 싶은지 정한다. 이러저러한 방법을 동원해 구술하려는 대상과 만나서 약속을 정한 다음, 약속 시간에 맞추어 약속 장소에 나간다. 요즘에는 인터뷰를 시작하기 전에 인터뷰하려는 목적과 듣고 싶은 내용이 무엇인지, 구술한 음성 데이터를 어떻게 할지, 구술 데이터로 무슨 일을 할지(논문 집필, 학회 발표 등) 등등을 간단하게 설명한다.

나아가 답변하는 사람은 언제든지 답변을 거부할 수 있고, 조사 도중이나 조사 후 음성 데이터를 사용하지 않도록 요구할 수 있으며(조사자는 조사 대상자에게 이런 것을 안내해야 한다), 만약 논문 등에 음성 데이터를 사용할 때는 구술자의 본명을 밝혀도 되는지, 아니면 가명을 쓸지 의논한다.

조사자가 구술자 앞에 녹음기나 마이크를 꺼내 놓으면 대화가 시작된다. 조사자가 먼저 질문할 때도 있고, 응답자가 이야기를 꺼낼 때도 있다. 예를 들어 제2장에 등장하는 이연규 고모부는 내가 질문을 하기도 전에 "제주도라는 섬은 말이지⋯⋯" 하고 먼저 이야기를 시작하셨다.

구술 내용을 어떻게 다루느냐는 조사자마다 다르다. 개인의 일생을 꼼꼼하게 듣고 기록하는 사람도 있고, 화자(조사 대상자)나 청자(조사자)가 중요하게 여기는 부분만 특별히 떼어내어 분석하는 사람도 있다.

하지만 생활'사'라는 용어에 부합하려면 일단 그 나름대로 시간의 폭이 있는 화자의 인생을 조사 대상으로 삼아야 한다. 개인이라면 시간에 방점을 찍어 '개인사', '전기(biography)'라고 할 수도 있고, 어떤 가족이나 친족 집단의 구성원이라면 생활사를 듣고 정리하여 분석한 '가족사'라고 할 수도 있다.

좀 이상하게 들리겠지만, 솔직히 나는 이제까지 생활사를 써 본 적이 없다. 개인사나 전기도 써 본 적이 없다. 생활사를 사회학 방법으로 분석한 적도 거의 없다(영어 논문을 쓸 때 딱한 번 해 봤는데 과연 잘했는지 자신이 없다).

첫 인터뷰를 통해 생활사를 기록하기 시작한 지 10년쯤 지났지만 인터뷰를 제대로 활용하지 못했던 경험투성이다. '생활사 기술'은 매우 일반적인 사회조사 방법인데도 어째서 나는 해내지 못하는 것일까?

아니, 그렇다기보다 어떻게 다른 사회학자는 생활사를 사회조사의 방법으로 활용할 수 있는지 의아스럽기만 하다. 개인의 이야기를 어디까지 들으면 '생활사를 청취했다'고 할 수 있을까? 몇 사람에게 이야기를 들으면 충분하게 조사했다고 할 수 있을까? 구술 데이터 가운데 진실인지 아닌지 확인할 수 없는 이야기가 나왔을 때는 어떻게 해야 좋은가? 과거의 경험을 듣고 그것을 '사회학적'으로 분석하려면 도대체 어떻게 해야 하는가?

애초에, 어째서 개인의 과거 경험을 들을 필요가 있는 걸까? 문서 자료로는 얻을 수 없는 무언가가 있는 것일까? 만약 있다면 과연 그것은 무엇일까? 이러한 물음에 명확한 대답은 있는 것일까? 다들 이런 질문에 대해 또렷한 대답은 확보하고 조사에 임하는 것일까? 아니면 그런 것은 생각할 필요도 없는 것일까?

당신의 인생을
들려주세요

무엇보다 나는 어디까지 큰아버지나 고모의 이야기를 들어야 과연 '생활사를 청취했다'고 할 수 있는지 가늠할 수 없었다.

그들의 이야기는 어린 시절부터 시작해 과거의 경험과 현재의 문제를 번갈아 다루다가 도중에 화제가 바뀌기도 해서 한없이 이어질 것 같았다. 그럴 때는 시간 순서에 따라 체험담을 듣고 현재 시점에 가까워지면 인터뷰를 끝내기로 했다. 인터뷰 도중에 확실하게 이야기가 끝날 것 같은 대목이 나올 때도 있었다. 그러나 다음에 만나면 미처 알지 못했던 다른 이야기가 시작되었다.

당연하게도 '당신의 인생 이야기를 들려주십시오'[1] 하고 부탁했다고 해서 그 사람의 '인생 자체'를 쓸 수 있는 것은 아니다(만약 상대를 잘 알고 있는 자연스러운 관계라면 그럴 수 있을지도 모른다). 탈선하고, 반복하기 일쑤이고, 상대방과의 관계와 그 자리의 상황에 따라 밀고 당기는 가운데 듣는 생활사는 사실 잘라 내거나 붙이거나 분석하기에 적합하지 않다.

진정으로 '당신의 인생'을 기술하고자 한다면, 이를테면 스터즈 터클(Studs Terkel)의 『일』이나 기시 마사히코(岸政彦)의 『거리의 인생』과 같이 이야기의 단편을 그대로 옮기는 수밖에 없을지도 모른다. 그러나 스터즈 터클이나 기시 마사히코의 작품이 아무리 이야기한 그대로 자연스럽게 적어 놓은 듯 보일지라도, 조사자는 이야기의 순서를 바꾸고 말을 빼거나 보태서 읽기 쉽도록 손질했을 것이다.

우리는 자료에 손을 댄다. 이 점에는 논의의 여지가 없다. 인터뷰를 글자 하나 어구 하나 인쇄해 놓고 보면, 장황해서 읽을 수 없는 문장이 생겨날 뿐이리라.[2]

생활사를 조사할 때 이런 문제에 직면하지 않는 경우가 있다면 어떤 때일까? 아마도 누군가에게 어떤 이야기를 들으러 가서 어떤 데이터를 얻으면 충분한지 어느 정도 미리 정해 놓았을 때가 아닐까. 논문 집필이란 조사자가 얻고 싶은 정보를 얻기 위해 입수한 데이터를 편집하고 잘라 내고 필요에 따라 다양한 데이터와 맞추어 보고 어떻게 제시할지 궁리하는 작업을 가리킨다.

그렇게 생각하면 생활사를 조사할 때 '누구에게 어디까지 이야기를 들으면 충분한가'에 대해 명확한 공통 방침이 없다는 것을 알 수 있다. 얻고 싶은 정보를 얻은 시점에 충분하다고 판단할 수 있기 때문이다. 그리고 몇 명에게 이야기를 들으면 충분한지에 대해서도 '조사자가 알고 싶은 내용에 관해 충분하다고 여겨지는 데이터를 얻었을 경우'라고 대답할 수밖에 없을 것이다. 30명일지도 모르고, 300명일지도 모르고,

세 명일지도 모른다.

그렇다면 이때 '생활사'라는 말이 드러내는 바는 도대체 무엇일까? 어쩌면 '인생'이 아닐지도 모른다.

알고 싶은 것을
알아내는 방법

생활사를 채록하러 갈 때 아무에게서나 되는 대로 이야기를 들으러 먹구름 속을 헤집고 들어가는 것이 아니다. 나는 꽤 손쉽게 구술자를 찾았지만, 그때에도 듣고 싶은 내용만큼은 미리 정해 놓았다.

조사자는 누구에게 어떤 이야기를 들으러 가고 싶은지 정하고 나서 생활사를 들으러 간다. 알고 싶은 내용이 정해지면 누구에게 물어야 하는지(어디에 가면, 무엇을 읽으면 되는지) 웬만큼 알 수 있다. 무엇을 원하는지 막연하게나마 정해 놓으면 어디에 가서 누구를 인터뷰해야 하는지(또는 다음 인터뷰 대상은 누구를 소개받아야 하는지) 알 수 있다.

이때 구체적인 인물을 떠올릴 필요는 없다. 내 경우엔 '대학 리포트를 제출할 수 있도록 나한테 자신의 생활사를 감추지 않고 이야기해 줄 사람', '지도교수가 흥미를 보일 만한 체험을 얘기해 줄 확률이 높은 사람'이 누가 있을까 궁리했더니 마침 친척들이 떠올랐다.

　조사 대상자가 정해지면 표식을 해 놓는다. 그 표식은 조사하려는 생각이 들었을 때부터 조사 대상자를 만날 때까지 줄곧 붙여 놓는다. 내가 조사하려던 대상을 예로 들면, '재일코리안 1세', '제주도 출신자', '전후 일본으로 이주한 사람', '야간 중학교에 다니는/다니던 사람' 등의 표식을 붙여 놓았다.

　한편 조사 대상자와 만나는 과정에서 나(조사자)에게도 표식을 달아 놓는다. 이를테면 나한테는 '학생', '누구의 조카/딸/손녀'라고 붙이는 식이다. 우리는 서로 표식을 보면서 대답을 하거나 답변을 듣는다.

　사회학자 사쿠라이 아쓰시(桜井厚)는 이렇게 표식 붙이는 일을 가리켜 '일정한 마음가짐(지향성)'[3]이라고 부른다. 여기서 '마음가짐'은, 말하자면 '구술자의 반론이나 항의, 또는 구술자에 대한 부정적인 감정(당혹감, 짜증, 놀람, 부족한 느낌 등)'을 통해 의식할 수 있는데,[4] 조사자가 그런 '마음가짐'을 없애는 일은 불가능하다. 그것은 없앨 것이 아니라 "인터뷰 때 일정한 마음가짐이 있다는 것을 상식으로 인정하고, 오히려 어떤 마음가짐인지 자각해야 한다"[5]고 그는 말한다.

　무엇을 알고 싶은지 조사의 목적이 없다면 조사 자체를 시작할 수 없다. 다니엘 베르토(Daniel Bertaux)라는 프랑스 사회학자는 이렇게 말한다. "나는 개인적으로 '당신에게 당신 이야기를 듣고 싶어요' 하는 유형의 '말뚝 같은 말(최초의 어구)'

을 결코 사용한 적이 없다. 이 말은 현저히 위압적이다!"[6]

딱히 친밀한 관계도 아닌 사람과 인터뷰할 때 위압적이지 않은 질문에는 어떤 것이 있을까? 당신 자신이 아니라 당신이 체험한 일을 알고 싶다든지, 당신의 지식을 가르쳐 달라는 질문 같은 것밖에 없지 않을까?

누구를 대상으로 조사하고 싶은지, 무엇에 관해 알고 싶은지, 어떻게 조사하면 좋을지 하는 이 세 가지 물음은 서로 얽혀 있다. 생활사를 조사하는 사람은 통상 인터뷰 조사나 문헌 조사를 중심 수단으로 삼을 것이다. 그때 수백 명에게 질문지를 나누어 주고 항목마다 수치를 매겨 계량 데이터로 변환하거나, 현장에서 오고 간 문답에 초점을 맞추어 상세하게 필기해 두었다가 현장 조사 일기를 쓰는 일은 드물지 않을까. 한마디로 알고 싶은 바가 정해지면 알아내기 위한 방법도 정해지기 마련이다.

그렇다면 '마음가짐'은 없애거나 상대화할 것이 아니라 한결같이 일관적으로 관통시켜야 할 것이지 않을까. '나는 무엇을 알고 싶은가?', '나는 이 사람 얘기의 어느 부분에 끌려들었을까?' 하는 생각을 계속하는 것 말고 조사를 밀고 나갈 수 있는 방법은 없지 않을까.

'사회학적' 분석이란
무엇인가?

이렇게 얻은 생활사 구술 자료(그러니까 이제까지 큰아버지, 고모부, 고모 들이 체험한 일을 언급한 음성 데이터)를 살펴보고 나는 당황하고 말았다. 왜냐하면 어떻게 해야 이 자료가 사회학 리포트나 논문이 될 수 있을지 전혀 감을 잡을 수 없었기 때문이다(『최강의 사회조사 입문(最强の社会調査入門)』이라는 책에 그때 있었던 일을 적었다).

나는 큰아버지 인터뷰를 리포트로 제출하고 이것을 활용해 졸업논문을 쓰자고 생각했다. 그래서 '젠더 규범과 가족관'이라는 관점으로 분석하기 위해 인터뷰 내용을 녹취 기록하고, 그중 젠더 규범이나 가족관을 다룬 부분을 뽑았다. 그 다음으로 개설서와 사회학 사전 항목을 읽고 큰아버지 이야기를 잘 설명할 수 있는 개념을 골라 적용해 보았다.

그러고 나서 '젠더 규범과 가족관'이라는 내용과 연관이 있을 법한 부분을 뽑아 설명해 보았다. 하지만 기껏해야 구체적인 예를 통해 사회학 사전에 있는 항목을 상세하게 소개하는 데 지나지 않았다. 어디에 문제가 있는지 알 수 없었기에 생활사 분야 논문을 몇 편 읽어 보았다. 그러나 영 헤매기만 했다.

예를 들어 인터뷰의 문화기술지(ethnography)를 쓰라는 사람도 있다. 그러나 나는 인터뷰 과정에는 흥미가 없다. 인터뷰

어는 종종 조사 대상자를 차별하거나 억압할 가능성이 있다. 그런 것을 자세하게 쓴다고 한들 무슨 의미가 있겠는가.

적어도 내가 쓰고 싶은 것은 그런 것이 아니었다. 왜냐하면 인터뷰 과정에서 벌어진 일을 기술하면 큰아버지의 이야기가 아니라 내 이야기가 될 것이기 때문이다. 다시 말해 큰아버지의 일생이 아니라 그 자리에서 오고 간 이야기에 지나지 않을 것이기 때문이다. 나는 내 이야기를 쓰고 싶어서 인터뷰하는 것이 아니다. 나보다 훨씬 재미있고 기록할 만한 가치가 있는 사람이 있는데 구태여 내 이야기를 쓸 필요가 있을까.

결국 그때는 해답을 찾지 못했다. 그래서 생활사(개인사, 전기) 집필을 일단 포기했다. 나는 그들이 무슨 체험을 했고, 무엇 때문에 그것이 가능했느냐는 체험 조건에 관심이 있었다. 나는 이것을 사회학적인 글로 써 내기 위해 사회학은 과거를 어떻게 다루어야 하는지 정리할 필요가 있었다.

과거를
사회학의 대상으로 삼기

과거의 사건을 이야기하는 데이터(구술이든 기록이든 상관없이)를 사회학의 대상으로 삼는 방법에는 여러 가지가 있다.

조작적 정의를 활용해 역사를 기술하는 방법이 가장 일반적일 것이다. 조작적 정의란 예컨대 사회적 역할, 젠더, 가족, 커뮤니티, 계급, 중심과 주변[7] 같은 항목을 활용함으로써 복잡한 현상을 훨씬 알기 쉽게 일정한 흐름을 따라 이해할 수 있도록 이끌어 주는 정의를 가리킨다. 이른바 역사사회학은 대부분 여기에 속하지 않을까.

또는 다양한 지역이나 집단이 걸어온 역사를 하나의 유형으로 기술하고 서로 비교할 수도 있다. 이른바 비교역사사회학이 하는 일이다.

사회학이 역사를 다룰 때, 즉 통상 '역사사회학'이라고 할 때, 일반적으로 이 두 가지 중 하나, 아니면 두 가지를 다 가리킨다.

그러나 나는 사회학이 이것 말고도 역사를 다루는 다른 방법을 찾아야 한다고 생각한다. 왜냐하면 역사학도 (솔직히 말해 역사학이 훨씬 더 많은 데이터와 정밀한 사료 비판과 고증을 통해) 이 두 가지 방법으로 역사를 다룰 수 있기 때문이다.

역사학자는 과거의 데이터를 다루는 방법의 전문가다. 그렇지 못한 사회학자가 같은 문제를 탐구했을 때 역사학자와 비슷한 수준이나 그보다 나은 기술로 과거의 데이터를 취급하고 추상적인 논의를 전개해 나갈 수 있을까? 물론 역사학자를 뜨끔하게 만들 역사사회학자도 있겠지만 내겐 그럴 능력이 없다. 다만 적어도 역사학자와 같은 토대 위에서 승부를 낼 수 있겠다는 생각이 들었을 뿐이다.

역사를 다루는 방법에는 아까 언급한 두 가지 역사사회학
의 방법 말고도 다른 방법이 몇 가지 더 있다. 이를테면 '거짓
말'을 분석하는 일인데, 어떤 데이터(증언)가 명백하게 실제로
일어난 일을 다르거나 틀리게 진술했거나 어떤 데이터 정보
가 다른 데이터 정보와 모순을 일으킬 때, 왜 그런지 검토하
는 방법이다. 왜 이 사람은 이런 상황에서 상대방에게 '진실'
이 아닌 말을 했을까? 이 사실을 통해 무엇을 알 수 있는가?

이렇게 질문을 던져 보면 조사자는 데이터의 진위보다 데
이터 사이의 관계를 검토하는 쪽으로 점점 더 빠져들어 간
다. 이와 같은 조사의 예로서 알레산드로 포르텔리(Alessandro
Portelli)의 『구술사란 무엇인가(The Death of Luigi Trastulli and Other
Stories)』를 들 수 있다.

'거짓말'을 분석하는 방법이 있다면 '참말'을 분석하는 방
법도 있을 것이다. 다시 말해 역사 연구자가 어떻게 역사를
기술하고 있는지를 검토하거나, 과거의 사건이 사실임을 알
았을 때 구체적으로 무슨 일이 일어났는지를 검토하는 방법
이다.

역사가 역사로서 성립하기 위해서는 어떤 과정이 필요할
까? 무엇을 통해 우리는 과거의 사건이 '참'이라고 알 수 있을
까? 이런 물음은 역사 연구자의 관심 바깥에 있을지도 모르
지만 역사에서는 매우 중요할 것이다. 이 점을 연구한 예로서
는 마이클 린치(Michael Lynch)와 데이비드 보겐(David Bogen)이

저술한 『역사의 광경(*The Spectacle of History*)』을 꼽을 수 있다.

그렇지만 나는 위의 두 가지 방법으로도 살펴보지 못했다. 나는 과거의 '사회'가 어떻게 성립했는지를 검토했을 따름이다.

방금 언급한 '사회'에도 여러 가지가 있을 수 있다. 구체적인 인간 집단으로는 도시나 촌락 공동체, 인종 집단을 가리킬수 있고, 구체적인 장면으로는 어떤 규범이나 질서를 구체화한 절차라든지 그런 절차를 유지하는 지식이나 생각(잘못된지식과 편견, 신념도 포함)도 사회라고 말할 수 있지 않을까.

사회학이 주목하는 지점 중 하나는 질서나 규범이 어떻게 만들어지고 있느냐 하는 것이다.[8] 이는 질서나 규범의 존재가 부조리하다는 얘기가 아니다. 우리는 항상 갖가지 행위나 상황 속에서 '이래야 하고/당연히 이러할 것'이라고 상정하고 일정한 질서를 만들어 낸다. 사람들이 어떠한 지식과 생각으로 이들 질서나 규범을 만들어 냈는지, 그 지식과 생각은 어떻게 이끌려 나왔는지 검토하는 작업도 과거의 사회를 살펴본다는 의미에서 사회학이 주목하는 지점이 아닐까(그렇지만역사사회학자라면 어떨지 몰라도, 역사학자보다 내가 그 일을 더 잘할수는 없다고 생각한다).

생활사를
쓰다

짐작하겠지만 위에서 말한 네 가지 방법 중 생활사와 직접 관련이 있는 것은 하나도 없다. 그렇기는커녕 그 방법들로 역사를 서술할 때는 인터뷰 데이터(구술로 얻은 정보)가 꼭 필요한 것도 아니다.

개인이 체험한 사건을 알고 싶을 때는 문서를 찾기보다 인터뷰를 진행하는 편이 편할뿐더러 알고 싶은 정보에 손쉽게 접근할 가능성이 높다. 어떤 사건을 겪은 사람들이 어떻게 그 일을 겪어 냈는지 알고 싶을 때 인터뷰는 과거의 사건을 알아내는 적절한 방법이다.

인터뷰는 사회학의 방법이고 문서 검토는 역사학의 방법이라는 분류는 무의미하다. 구술 전승 자료를 수집해 어떤 지역이나 가족 집단의 역사를 재구성하는 역사학자도 있을 것이다. 현대사·정치사 연구에 구술사가 중요하다는 점은 미쿠리야 다카시(御厨貴)의 『구술사(オーラル·ヒストリー)』를 인용할 필요도 없을 만큼 명백하다.

생활사와 구술사의 차이는 무엇일까? 아주 범박하게 말해 보자면 개인이 살아온 삶에 흥미가 있느냐, 개인이 체험한 사건에 흥미가 있느냐의 차이 아닐까. 물론 화자가 무엇을 이야기하는지 정확하게 이해하려면 이야기하고 있는 사건과 이야기하는 사람의 지식, 규범, 경험을 모두 어느 정도는 이해해 둘 필요가 있다.

개인이 체험한 사건 없이 개인의 인생이 있을 수는 없다. 인생(다양한 지식이나 규범, 그것을 형성해 온 경험의 집적)을 살아낸 개인이 기록하고 이야기하지 않는다면 그가 체험한 사건의 재구성은 불가능하다.

이러한 전제 위에서 생활사와 구술사를 일단 구별할 수는 있다. '이 사람은 이때 왜 이렇게 결단하고 이렇게 행동했을까?'를 이해하려는 것은 생활사에 속하고, '이 사건은 무엇인가? 어떻게 발생했는가?'를 이해하고 재구성하려는 것은 구술사라는 식으로 말이다.

나는 개인의 행위를 이해한다기보다 과거의 어느 시기에 특정한 현상이 왜 일어났고 그것을 경험할 수 있도록 한 조건은 무엇이었는지를 최대한 재구성하고 싶다. 다시 말해 구술사라고 해도 '구술'보다 '사'에 더 방점을 찍은 구술사가 훨씬 흥미롭다.

생활사는 생활사이기 때문에 어떤 선행 연구와도 관련이 있을 수 없다. 생활사를 토대로 작성한 어떤 문제(예를 들어 국제 이주, 사회 운동, 계급 이동 등)에 대한 데이터, 또는 어떤 사건에 대한 구술 설명을 다루지 않는다면 나는 굳이 생활사 논문을 써야 할 마음이 들지 않았다.

이러한 까닭으로 나는 이제까지 생활사를 쓰지 않았다. 그리고 내가 '재미를 느낄' 가치가 있다고 여기는 내용에 관해 선행 연구도 없었다.

재일코리안을 연구한 사회학 분야의 업적은 적지 않다. 그들이 사는 오사카를 조사 지역으로 삼은 연구도 있고, 그들의 출신지인 제주도에 초점을 맞춘 연구도 있다. 당연하게도 그런 연구는 사회학, 역사학, 인류학의 논의를 바탕으로 특정한 주제를 다루었을 뿐, 내가 만난 개개인의 하나밖에 없는 인생을 오롯이 다루지는 않았다.

어쩌면 누군가의 하나밖에 없는 인생을 오롯이 다루는 것은 연구라고 부를 수 없을지도 모른다. 그들의 인생에 관해 선행하는 연구―아무리 인생의 일부밖에 이야기하지 않았다 하더라도―같은 것은 어디에도 없을 테니 말이다. 따라서 나는 친척들의 생활사로 졸업논문을 쓸 수 없었고 앞으로도 쓸 수 없을 것이다.

이 책은 도저히 논문으로 쓸 수 없는 '생활사 쓰기'에 도전하려는 시도다. 자기 인생의 극히 일부를 직접 선택해 이야기한 내용과 이야기를 풀어 가는 방식에는 과연 어떤 의미가 있는지 숙고해 보고 싶은 것이다. 이런 발상은 사회학 논의에 보탬이 되지 않을지도 모른다. 그래서 나는 논문이 아니라 이 책을 따로 써야만 했다.

내가 조사를 시작할 무렵에 알고 싶었던 것은 아주 단순했다. 즉 '왜 그들은 일본으로 건너왔을까?', '어떻게 이주했고 그 후에는 어떻게 살아갔는가?' 하는 물음이었다. 그렇지만 그들의 답변은 내 물음에 대답이 될 만한 것이 못 되었다.

나는 친척들의 인생을 온전히 다루는 친절한 선행 연구를 찾지 못했고, 그런 선행 연구가 있으리라고 생각하지도 않았다. 다만 기술하고 기록하는 것 말고는 그들의 이야기를 다룰 방법이 없었다.

이 책에는 위에 제시한 물음('당신은 왜 일본에 건너왔는가?', '어떻게 일본에 건너왔는가?', '그 후 어떻게 살아갔는가?')에 대한 답변과 그로부터 이끌어 낸 내용 중 일부를 쓰려고 한다. 이제까지 써 왔던 논문들처럼, 이 책의 서술 과정에서 그들이 어떤 지식과 규범을 지니고 있고 그것이 어떠한 경험에서 비롯되었는지 써 낼 수 있다면 가장 바람직할 것이다.

두 가지
'올바름'

마지막으로 '올바름'에 대한 생각을 써 두고 싶다. 요컨대 정치적 올바름과 학문적 올바름에 관한 생각이다.

정치적 올바름(이를테면 인권의 보편성에 대한 믿음, 정치적 자유의 중시 등)은 나와 우리 부모님, 부모님의 지인과 친구에게 아주 소중했다. 우리 부모님은 두 분 다 이른바 '운동'에 계속 참여하고 계신다. 아버지는 민족운동, 어머니는 시민운동, 덧붙여 할아버지는 평화운동…… 나는 그런 운동에 참여하는 전문가 또는 아마추어 활동가들에게 귀여움을 받으며 자랐다.

내가 당연하게 여기는 것을 그대로 입 밖에 내면 어른들이 놀라거나 칭찬해 주었다. 그런 경험이 어릴 적부터 자주 있었다. 내게는 아주 당연한 일이 세상 사람들에게는 별나 보이기도 한다는 사실은 중학생 즈음 알아챘다.

이름을 보면 알 수 있듯 나는 명명백백 '보통 일본인'이 아니다. 내가 글을 쓰거나 사람들 앞에서 이야기한 것은 모조리 '재일코리안 3세 여자아이'의 글이고 이야기였다. 아버지가 재일코리안이라는 것, 내 이름이 '박사라'인 것, 큰아버지나 고모 들이(내게는 그런 친척밖에 없어서 매우 자연스러웠지만) 학교 친구나 선생님에게는 '별나' 보였다는 것, 초등학교에 들어가자마자 부모님에게 "난 어느 나라 사람이야?" 하고 물었던 것, 어릴 때 민단(재일본대한민국민단)의 어린이 모임 같은 곳에 들어간 것(전혀 어울리지 못했다), 초등학교 때 민족학급(학교 수업 중 한국어로 글자와 노래, 역사를 배우는 수업)에 다녔던 것, '조선인은 조선으로 가 버려!' 하고 말한 아이가 민족학급에 다니는 아이였던 것, 그 사실을 민족학급 선생님은 알고 있으면서도 내게(아마 그 아이에게도) 아무 말도 해 주지 않았던 것, 그 무렵부터 나와 '같은' 사람들─같은 괴로움을 느낄 테니까 이 사람이라면 100퍼센트 이해해 주지 않을까 기대했다가 기대

가족의 역사를 씁니다

가 조금이라도 어그러지면 깊이 상처받는 착하고 여린 사람들—이라고 해서 내 편을 들어 주지는 않을 것 같다고 생각했던 것……

내가 좀 솜씨 있는 문장으로 이런 체험을 글로 써 내면 주위 어른들이 기뻐하며 칭찬해 주었다. 나는 어릴 적부터 애교가 없고, 누구에게나 지려는 법 없이 말하고, 마구 수다를 늘어놓고, 무슨 일이든 항상 자신만만하고, 피부가 검은 편에 옹골차고 강해 보였던 듯하다. 아무리 생각해도 어른들이 추어 주는 타입은 아니었다.

하지만 정치적으로 올바른 일을 얘기하면 주위 어른들이 기뻐했다. 그래서 나는 어느새 '어른들이란 참 단순하구나!' 하고 생각하기 시작했다.

내 주위에 있는 아이, 젊은이, 여성, 소수자를 운동에 끌어들여 이용하려는 일본인(특히 남성) 어른이 혐오스러웠다. 그러나 그들에게 미움을 사면 안 된다는 생각도 들었다. 그들 말고 힘이 있어 보이는 내 편은 없는 것 같았고, 또 정치적으로 올바르지 않은 사람들은 나를 정신적으로 또는 신체적으로 공격하고 상처를 준다는 것을 알았으니까. 그래서 난 이런 식으로 생각했다. 어른들이 좀 좋아할 만한 말을 하면 된다. 다만 어디까지나 아이다움을 잊어서는 안 된다. 일본인을 규탄해도 된다. 다만 어디까지나 내 말을 듣는 일본인이 자신을 정의의 편이라고 생각할 만큼만! 재일코리안인 내가 무슨 이야기를 하든 누구도 불평할 리 없다. 왜냐하면 그들에게는 자신이 정치적으로 올바르다는 생각이 무엇보다도 중요하니까.

하지만 막상 친척들과 인터뷰를 진행하고 리포트를 쓰려고 하자 나의 오만한 생각은 벽에 부딪혔다. 논문을 투고해도 실리지 않고 연구회 발표 때도 지적과 비판을 받으면서 어쩔 수 없이 내 생각을 바꾸어야 했다.

세상에는 다른 세계가 있다. 그곳에서는 성치적인 올바름에 대한 요구가 없다. 그리고 정치적 올바름을 상식으로서 으레 지녀야 한다는 주장에 이의를 제기한다. 그나마 대학에서는 명분이 통하기 쉽다. 인권은 소중하고, 사람은 평등하고, 사실이 중요하고, 사실을 밝히는 순서가 중요하다. 명분 만세! 명분을 중시하지 않는 세계라면 나는 살아갈 수 없다.

명분의 세계가 추구하는 것은 검증을 마친 데이터와 선행 자료에 기반한 앎, 즉 학문적인 올바름뿐이다.

내가 '단순하구나!' 하고 생각한 사람은 얼마 안 되는 소수였다(그들도 내가 '단순한 아이'이기 때문에 적당히 대해 준 것 같다. '단순한 사람'은 그들이 아니라 나였다). 나는 출신 배경을 계속 우려먹을 수 없었고, 어른들에게 계속 귀염을 받을 수도 없었다.

정치적인 것은 우리 생활의 바탕 그 자체다. 무시할 수도 없고 내세우기만 할 수도 없다. 정치적 올바름이란 내 기분 좋자고 안이하게 가져다 쓸 수 있는 것이 아니다. 내가 조사 대상으로 선택한 사람들은 남에게 공격받기 쉬운 문장을 쓰기 위해 글감으로 활용해도 괜찮은 사람들이 아니었다.

아무리 수준이 낮더라도 논문의 형식을 갖출 만한 무언가를 끌어내기 위해서는, 정치적 올바름이나 '읽는 이/듣는 이가 기분이 좋을지 나쁠지' 하는 기준 말고 다른 기준이 필요하다. 한마디로 학문적인 올바름이 필요하다. 누구를 어떻게 논의 거리로 삼든 상관없다. 데이터를 통해 말할 수 있는 것은 무엇인가? 그것은 적절한 문맥에 놓여 있는가? 그 앎은 기존의 어떤 연구를 바탕으로 삼았고, 무엇에 공헌하고 있는가? 논문에 중요한 것은 이런 것이다. 이것이야말로 내가 앞으로 살아가고자 결심한 세계에서 중요하고, 내가 함께하자고 결심한 사람들, 내가 앞으로 되고 싶은 사람들에게 중요하다.

그래서 나는 '그럼 박사가 되어야겠다'고 마음먹었다. 장관은 될 수 없어도 박사라면 될 수 있다. 학문이란, 방법론을 배우고 절차만 지키면 누구라도 그 과실을 따 먹을 수 있기 때문이다. 나는 정치적 올바름과 학문적 올바름이 다르다고 믿는다. 만약 그 둘이 같다면 장관이 될 수 없는 것처럼 박사도 될 수 없을 것이다.

그렇다면 아무리 들어도 재미있기만 한 큰아버지와 고모들의 이야기에서 무엇을 끌어낼까? 그 이야기들을 어느 맥락에 위치시키고, 무엇을 근거로 어떤 이야기를 하면 좋을까? 이 문제를 끊임없이 생각하다 보니 결국 10년이란 세월이 흘렀다. 무척 먼 길을 돌아왔지만, 그동안 여러 사람에게 배운 것은 적잖은 도움이 되었다.

아마도 내가 헤매고 생각하고 배운 모든 과정은 사회학을 공부하는 사람들이 자주 맞닥뜨리는 일일 것이다. 다만 그 과정을 돌아보고 글로 씀으로써, '재미있는 이야기를 듣기는 들었는데 이것으로 무엇을 하면 좋을지 모르겠다'는 사람에게 이 책이 조금이나마 도움이 될지도 모르겠다.

제2장

아무도 모른다
— 이연규 고모부

이연규 고모부는 친척 중에 내가 제일 좋아하는 분이었다. 친척 아저씨라고는 해도 핏줄로 직접 이어진 사이는 아니고 정희 고모(아버지의 둘째 누나)의 남편 되는 분이다. 그분의 어떤 점이 그렇게 좋았느냐고 묻는다면, 언제나 웃는 얼굴에 온화한 성격이 좋았다고 답하겠다.

다른 큰아버지나 고모 앞에 나설 때는 언제나 긴장했지만, 이연규 고모부 앞에서만큼은 긴장할 필요가 없었다. 그는 성적이 어떠냐는 질문은 하지 않았고 큰소리도 내지 않았다. 남을 헐뜯지도 않았다. 원체 말이 별로 없는 분이었다. 자그마한 몸집과 동그란 얼굴에 주위가 진흙탕 싸움으로 소란스럽고 험악해져도 결코 가담하는 일 없이 혼자 조용히 술을 마시며 싱긋싱긋 웃기만 했다. 어려운 이야기를 할 때도 있지만 어쩐지 고상한 분위기가 감돌았다. 고모부라면 외출할 때 선글라스를 끼지 않을 것이다. 새하얀 양복이나 보라색 하와이셔츠도 입지 않을 것이다. 그 대신 엷은 색 셔츠를 입고 외출용 모자를 쓸 것이다. 이런 느낌이 드는 분이었다.

인터뷰를 부탁했을 때 박정희 고모는 그 자리에서 당장 허락하지 않았는데, 막상 댁에 찾아갔더니 "옛날 일이라면 저 양반이 잘 알아" 하고 고모부에게 인터뷰를 넘겼다. '고모가 귀찮아졌나 보다' 싶기는 했지만, 인터뷰를 진행할 수 있다면 누구든 가릴 처지가 아니었다.

고모부는 누군가 찾아와 자기 이야기를 들어 줄 것을 오래전부터 기다리고 있었고, 고모는 그런 고모부의 마음을 잘 헤아리고 있었다.

유소년 시절

이연규 고모부는 만 여섯 살 때 마을에 있는 서당에 다니기 시작했다. 서당이란 조선시대에 발달한 사설 초등 교육기관으로, 그는 그곳에서 한문 읽기나 서도(書道)를 배웠다.

식민지 시대에 설치한 제주도청은 서당에 대해 이렇게 기술했다. "이 한문 서당은 오늘날 교육의 관점으로 보면 일고의 가치도 없지만, 서당 교사 중에는 사리에 매우 어두운 자도 있어 신교육 시설에 대해 악감정이 섞인 선전을 일삼거나 공립학교를 비난하는 자도 있으니, 가히 쓴웃음이 나올 일이다. 그들은 국가 사회가 무엇인지, 어떤 자들을 제2 국민으로 양성해야 하는지, 사상의 선도는 어떻게 해야 하는지 등등에 대해서는 전혀 괘념하지 않는다."[1] 말하자면 서당은 국가와 사회를 위해 '제2 국민'을 양성하는 학교가 아니라 읽고 쓰는 법과 조상에게 제사드리는 법을 배우는 곳이었다.

총독부는 1918년 서당에 관한 규칙을 제정해 서당을 열려면 도장관의 허가가 필요하고 총독부가 편찬한 교과서를 사용해야 한다고 정해 놓았지만, 그 후에도 서당의 수는 계속 증가했다.

한문을 어떻게 공부하느냐 하면 말이다. 밥 먹기 전에 다들 모여 스승님 앞에서 어제 배운 것을 복습한단다. 암기가 끝나자마자 스승님의 질문에 대답해야 하고, 그다음에 그날 배울 것을 조금 배우고 나서 밥을 먹으러 가. 쉬는 시간이 곧 밥 먹는 시간인 셈이지. 점심 먹을 때까지 그렇게 하고, 밥 먹을 때 쉬고, 또 저녁까지 똑같이 해. 계속 같은 방에서 몸을 흔들흔들하면서 큰 소리로 글을 읽어 나가는 거야. 뜻 같은 건 몰라도 괜찮아. 여하튼 소리를 내서 외워야 해. 전부! 외우면 자연스레 뜻도 알 수 있다고 하니까 말이지.

— 다양한 사람들이 모였나요?

그렇지. 여러 사람이 같은 방에 모여. 아이부터 어른까지 다. 어릴 때 배울 기회를 놓친 사람이 어른이 되어 서당에 오는 거지. 그런데 그 당시 여자는 제외였어. 공부하지 않아도 되었지. 아기 낳고 가정을 지키는 게 여자가 해야 할 일이라고 했으니까 말이야.

남자는 다르지. 글자를 못 읽는다는 건 말도 안 돼. 제사 올릴 때 "오늘은 누구누구의 기일입니다. 아무쪼록 잘 드시고 가십시오" 하고 정해진 문구가 있는데, 그걸 써서 붙여야 하거든. 그걸 쓰지 못하면 사람대접을 못 받는다, 이 말이야.

— 공부만 했어요? 놀지는 않았어요?

노는 일은 음, 저녁에 서당이 다 끝나면 집에 가서 저녁밥을 먹은 다음에 다들 모여서 놀았어. 그때밖에 놀 시간이 없었어. 너른 공터에 모여서 술래잡기도 하고, 3루까지 있는 야구도 했어. '하야시'라고 불렀지. 그때는 공도 없으니까 공을 만들어서 놀았단다. 뭐냐, 돼지를 잡으면 오줌보가 있지 않니. 그걸 꺼내서 꾹 짠 다음 공기를 넣어서 둥근 공을 만들었지. 그런 걸 차고 놀았어. 그게 축구였지. (2007년 10월 4일)

서당을 나와서는 소학교에 진학하고, 소학교 졸업하고 나서 중학교에 진학하려고 홀로 제주도를 떠났다. 몇 년 후에 그가 근무한 소학교 교직원 명부에 따르면, 그의 최종 학력은 '송정(松汀) 공업학교 졸업'으로 되어 있다. 이 학교를 조사하지는 않았지만 '송정'이라는 지명은 현재 광주광역시 광산구에 있다.

중학교를 졸업하고 고모부는 대구까지 가서 시험을 봤다.

본인 기억으로는 군대에 가기 위한 신체검사와 필기시험이었다. 필기시험에 백지를 내면 빵점으로 처리하는데, 그것이 징집 거부의 의사 표시였다고 한다. 고모부는 중학교를 무사하게 졸업한 뒤 군대에도 가지 않고 제주도로 돌아왔다. 그해가 1942년이었다.

일본 제일의 교육자가
되고 싶었어

제주도에 돌아온 지 얼마 안 되어 고모부는 한림면(翰林面) 귀덕리(歸德里)에 있는 소학교에 교사로 부임했다. 교사 자격증이 있는 것은 아니었고, 개인적으로 친분이 있는 이 소학교의 교장이 교사가 되지 않겠느냐고 권유했다 한다. 현재 한림 초등학교에 보존되어 있는 교원 명부를 보면 1945년부터 1947년까지 고모부의 이름, 지위, 본적지, 나이, 최종 학력을 확인할 수 있다.

이런저런 모험소설을 읽고 불가능한 일을 상상하곤 했어. 높은 곳으로 올라가고 싶었지. 일본 제일의 교육자가 되고 싶었어. 그래서 히로시마 고등사범이나 다른 곳에 가야겠다고 생각했단다. 교육학으로 유명한 곳이 있었거든, 히로시마에 말

이야. (위와 동일)

이연규 고모부는 어릴 때부터 일본어를 잘했던 것 같다. 경찰관의 말을 마을 사람에게 통역해 주고 칭찬을 받은 적도 있다고 한다. 중학교에 진학해 처음으로 '육지(제주도 출신이 한반도를 가리켜 종종 육지라고 부른다)'에 갔을 때는 아직 상투를 튼 사람이 있는 것을 보고 놀라기도 했다. 제주도는 일본과 왕래가 있으니까 문화가 앞섰지만, 그에 비해 육지는 뒤떨어져 있었다는 식으로 그는 인터뷰 도중에 회상하기도 했다.

부유한 집안에서 태어나 그런대로 괜찮은 학력으로 열일곱에 교사가 된 고모부가 일본 유학을 꿈꾸었다는 것은 그다지 이상한 일이 아닐지 모른다.

결혼할 생각은 조금도 없었는데 말이야, 아버님이 당신 돌아가시기 전에 결혼해야 한다고 완고하게 말씀하시더라. 스무 살 때였지, 아마 그래. 부모님께도 말씀드렸어. 난 결혼하고 싶지 않지만 그렇게까지 고집을 부리시니 식은 치르겠지만 어디까지나 형식적일 뿐이라고. 부모님도 아무 말씀 없이 알았다고만 하셨지.

(**고모**) 그러면 안 되었지. 이 양반, 결혼했었어, 나보다 훨씬 전에 말이야. 난 그때 아직 애였고.

아무도 모르게 식을 치렀어. 우리 집에서 말이야. 차 한 대 빌려

기념사진까지 찍었지. 옷은 원래 결혼식 때 입는 옷이 있어. 대개 말을 타고 장가를 가는데 난 신식으로 했지. 자동차를 빌렸거든. **(위와 동일)**

그러나 결혼 생활은 금방 끝났다. 정말인지 아닌지 확인할 길은 없지만, 파경의 이유는 고모부에게 있었다. "내가 서른 넘을 때까지 결혼 생활을 하지 않을 생각인데 기다리겠느냐고 물었어. 그랬더니 여자 쪽에서 안 되겠다고 하더라고. 그야 당시에 여자가 서른까지 기다린다는 건 말이 안 되지. 1년도 넘기지 않고 재혼하더라고."

고모부는 학교에서 음악을 제외한 모든 과목을 담당했다. 학생 수가 많아서 운동회가 축제 같았다고 회상한다. 교장은 일본인이고 조선인 교사가 많았는데 일본인 교사도 있었던 듯하다.

교장 선생이 훌륭한 사람이어서 군 관계든 경찰 관계든 뭐든지 의논할 수 있는 사람이었어. 그분 덕도 많이 봤고 신세도 많이 졌어.

— 그러셨군요.

그래서 특별 배급을 받았어. 그때는 술이든 담배든 다 통제했거든. 특별한 사람이 아니면 그런 걸 감히 손에 넣을 수 없었단다. 예를 들면 신발이나 운동화도 마음대로 살 수 없었어. 하지만 학교에 있었으니까 그런 특별 배급이 전부 있었지.

— 어머나, 그랬단 말이에요?

그랬다니까. 그런 배급품을 누군가에게 주면 기뻐했지. 그래서 내가 맡은 반 아이의 부모들이 부탁하러 오곤 했어. 물건을 좀 나누어 달라고. 모두 골고루 받을 수는 없으니까 담임 선생이 알아서 적당히 나누어 주었거든. 그러니 잘 봐 달라는 표정으로 날 찾아왔지. (위와 동일)

교사의 업무 중에는 아동에게 조선어를 금지하는 일도 있었다. 1942년부터 조선에서는 총독부의 지도 아래 '국어 상용 운동'을 시작했다. 이는 1938년 제2차 조선교육령 공포 이후 조선 전역에서 널리 시행한 일본어 사용을 강제하는 정책이었다. 여기에는 『국어 교본』의 보급, 각지의 소학교(국민학교)에서 '국어강습회' 실시, '국어 상용 가정' 표창, 조선어 상용자에 대한 벌칙 등이 포함된다.

내가 교사로 부임한 해(1942년)부터 학교에서 조선어를 금지했어. 그래서 아이들은 집에 가서도 조선어를 쓰면 안 되었지.

— 그럴 수가!

'배지 넘겨주기'라고 해서, 배지를 서로 뺏는 거야. 아이들끼리도 조선어를 쓰다가 들키면 배지를 뺏어. 뺏은 아이가 선생에게 이르는 거지. 그러면 상을 줬어. (위와 동일)

이 대목에 나온 '배지 뺏기' 같은 규칙은 국어 상용 운동 때 활용한 다른 규칙과 아주 비슷하다. 예컨대 함경북도 어느 소학교에서는 아동끼리 조선어로 대화를 나누거나 '국어'를 아는 사람끼리 '국어'가 아닌 조선어를 쓰면 '국어 상용 표'에 가위표를 기입하고 '국어 상용 위반장'을 목에 걸어야 했다. 위반장을 건 사람은 다른 위반자를 색출해 자기 것을 그 사람에게 걸어 주는 식이었다.[2]

'해방'과
'패전' 사이

1945년 8월 15일, 포츠담 선언을 수락한다는 천황의 발표가 라디오 방송으로 흘러나왔다. 나는 이연규 고모부가 당연히 그날 바로 마을에서 방송을 듣고 일본의 패전과 조선의 해방을 기뻐했을 것이라고 짐작했다.

그러나 실제 현실은 훨씬 조용하고, 훨씬 복잡했다.

— 일본이 전쟁에 졌다는 사실은 언제 어떻게 아셨어요?
라디오가 없으니까 소문으로 들었지. 아무것도 모른 채 학교에 갔더니 교장 선생도 교장실에 그대로 앉아 있더라고.
— 그랬군요.

아무 말도 없더구나. 나중에야 일본의 패전을 알았어. 교장 선생은 매일 도시락을 들고 학교에 와서 교장실에 가만히 앉아 있었어. 그러다가 자기 책을 가져가라고 하는 거야. 교장 선생은 책을 아주 많이 갖고 있었거든. 갖고 싶은 것이 있거든 다 가져가라고 했어. 히틀러의 자서전 같은 책 말이지. 전쟁 때는 그런 책도 갖고 싶었어. 그런데 전쟁이 끝나니까 히틀러 같은 인간은 아무짝에도 쓸모없더라.

— 후후……

사전 같은 걸 좀 받았지.

— 일본이 졌다는 소식을 들었을 때 기분이 어떠셨어요?

드디어 해방되었다는 기분은 들었지. 아직 전쟁 중이었으니까.

— 음…… 해방이라는 건 일본의 지배에서 해방되었다는 걸 말씀하시는 거죠?

아니(웃음), 그 당시 나는 자책하는 마음이 있었어. 일본인이 되라고 가르쳤으니까. 그러니까 그런 기분을 겉으로 표를 내서는 안 되었지.

— 교장 선생은 15일이 지나고도 줄곧 제주도에 있었어요?

그 사람은 계속 있었어. 일본이 졌다고 하니까 8월 20일부터는 우리 조선인 선생들이 모여서 앞으로 교육을 어떻게 해 나가면 좋을지 조선어로 얘기를 나누었지.

— 조선어로!

교장 선생은 잠자코 앉아 있었어. 그러다가 결국은 교장 선생이 떠난다는 인사를 하더군. 한참 나중에 일본이 다 물러갈 때가 되어서야 말이야. "일본은 아시아의 지도자라는 지위를 잃어버렸으니까 앞으로는 조선인 여러분이 지도자로서 애써 주십시오." 이런 내용으로 인사말을 전했어.

— 그게 뭐예요?

그 사람이 철수할 때 도와 달라고 하면 도와주려고 생각했지만, 아무 말도 없었어. 아침에 와 봤더니 아무것도 없더라고. 흔적도 없이 깨끗하게 가 버렸지 뭐냐.

— 오호!

아마 일본인끼리는 무슨 연락을 주고받았겠지. 그 사람은 전화도 있고 라디오도 있었으니까. 그렇게 연은 끊어지고 말았지. 그 사람 말고도 좋은 선생들이 많았는데, 정말 만나고 싶었지만 만나지는 못했구나.

— 그랬어요?

여기 일본으로 오고 나서 우체국장이 되었다든가 촌장이 되었다든가, 뭐 그런 소문은 들었지만 직접 만난 적은 없어. 제주 한림에 있던 병사들도 일제히 철수하더구나. 인사도 없이 말이야. 어느샌가 없어졌더라고. (위와 동일)

3·1절 파업

해방 직후의 제주도는 거대한 혼란 속으로 빠져들었다. 일본에서 약 6만 명이 제주도로 돌아온 동시에 그때까지 섬의 경제를 뒷받침하던 일본 측의 송금도 끊어졌다. 더구나 1946년에는 보리 흉작이 덮쳤고, 같은 해 여름에는 콜레라가 창궐했다.[3]

이러한 혼돈 가운데 제주도민의 폭넓은 지지를 바탕으로 제주도인민위원회라는 정치 기구가 발족했다. 해방 직후 조선의 해방부터 미군의 주둔까지 기껏해야 약 3개월밖에 안 되는 기간이었지만, 제주도 각지에서는 지역의 명사를 중심으로 건국준비위원회를 조직했고 이것을 9월에 인민위원회로 재조직했다.

남한 각지의 인민위원회는 식민지 시대 독립운동과 관련해 탄압받던 좌익 지사가 중심이 되어 조직되었던 반면, 제주도인민위원회는 좌파라는 색깔이 비교적 약하고 지역에 뿌리내린 자치조직으로서 '아래로부터 다져 올라가는 방식'[4]으로 결성해 나갔다는 특징이 있다.

조선이 독립하기 위해서는 공산당을 지지하는 사람들이 단결해야 했어. 그래서 종전 후 금세 조선공산당계 지도자가 앞으로 나섰고, 그 결과 섬 전체가 빨갛게 되었지. 우리도 그쪽으로 다

가족의 역사를 씁니다

들 몰려갔어. 조금이라도 글을 읽을 수 있는 사람은 하나도 빠짐없이 말이다. 그 바람에 철저하게 공산주의를 공부했지. 나도 엄청나게 책을 읽어 댔단다.

— 학습회 같은 것도 있었나요?

그럼! 조직의 단위를 '세포'라고 불렀어.

— 아, 세포요.

조직 하나에 대여섯에서 일고여덟 명쯤 되었는데, 똘마니들이지. 그런 조직이 매일같이 공부 모임을 가진 거야. 위에서 내려오는 지령을 받아 철저하게 움직였어. 그래서 그런 게 진실이다, 진실이다, 굳게 믿었는데, 뭐, 터무니없는 착각이었지.

— 착각이었다고요?

그래서 당시에 그런 모임에서는 자기가 앞서서 죽겠다고 손드는 사람이 정말이지 수도 없이 나왔어. "넌 자식도 있고 부인도 있잖아. 그러니까 내가 갈게." 이런 말을 하면서 앞다투어 자기가 선두에 서겠다고들 했단다. 마르크스의 『자본』 같은 어려운 책을 열심히 읽고 이야말로 과연 진리라고 생각했지. **(위와 동일)**

1945년부터 1946년에 걸쳐 미군이 주둔한 북위 38도 이남 지역(남한)에서는 미군과 좌우 정치 세력이 충돌, 격돌, 교섭을 되풀이하는 정치적인 혼란이 계속 이어졌다. 격심한 인플레이션, 미군정의 식량 정책 실패에 따른 식량 부족, 식민지 시대의 경찰·행정 기구가 해방 후에도 온존하는 현실에 대한

반발 등이 이어지고, 결국 1946년 10월 대구를 중심으로 25만 명이 참가한 대규모 데모와 폭동, 이른바 '10월 항쟁'이 일어났다.

10월 항쟁 후 각지의 인민위원회는 강제로 해산당하거나 경찰에 의한 테러로 거의 활동을 중지한다. 1946년 11월, 조선공산당은 남조선노동당(남로당)으로 개편하는데, 제주도에도 남로당 제주위원회가 결성된다. 이연규 고모부도 남로당에 입당해 공부 모임이나 각종 위원회 결성 같은 활동을 이어나갔다.

그러다가 스트라이크, 그러니까 파업 말이다. 학교, 경찰, 관공서 모두 이승만 정권에 반대하는 운동을 일으켰어.
— 아!
그런데 어디에선가 시위 중이던 어린애가 살해당하는 일이 벌어졌단다. 그 일을 계기로 생트집을 잡아서 남한만 단독선거를 치르겠다고 하면 큰일이었지. 그러면 조선이 둘로 갈라져 분단될 테니까 말이야. 단독선거 절대 반대가 [남]조선노동당의 주장이었어. 다들 옳소, 옳소! 외쳤어. 제주도민 80퍼센트 이상이 그렇게 생각했지. 그게 바로 3·1절 파업이야. (위와 동일)

1947년 3월 1일 제28주년 3·1절 기념 제주도 대회가 열렸는데, 제주읍(현재 제주시)만 해도 2만 5000명이 참가했다. 기넘행사 후 기마경찰이 탄 말에 어린애가 차였는데도 경찰이 무시하자 이를 계기로 시위 참가자와 경찰 사이에 충돌이 일어났다. 공포에 휩싸인 경찰 부대가 무차별 발포한 일로 여섯 명이 사망하고 여섯 명이 중상을 입었다.

그 후 경찰 측은 시위대에 발포한 일이 치안 유지를 위한 정당방위였다고 발표하고, 오히려 다음날인 2일부터 3·1절 기념 행사 실행위원회의 간부와 관련 학생들을 체포하기 시작했다. 이 일에 대항하기 위해 남로당이 주도하는 섬 전체의 총파업을 결정한다.

3월 10일, 제주읍에 있던 도청을 비롯해 각 관공서가 파업에 돌입했다. 총파업은 관공서 직원에 그치지 않고 교직원과 학생, 은행과 통신 기관 종사자, 운송업자, 공장 관리자, 노동자, 미군정청의 통역사까지 참가해 순식간에 섬 전체로 퍼져 나갔다.

도내 신문인 『제주신보(齊州新報)』 3월 14일자 기사를 보면 한림면에 있는 면사무소, 소·중학교, 금융조합, 우체국, 전분 공장이 파업에 참여했다고 한다. 상점 같은 개인 점포를 제외하더라도 166개 단체의 4만 1211명이 파업에 가담했다는 기술도 있다.[5]

고모부는 앞에서 이렇게 말씀하셨다. "남한만 단독선거를 치르겠다고 하면 큰일이었지. 그러면 조선이 둘로 갈라져 분단될 테니까 말이야. 단독선거 절대 반대가 [남]조선노동당의 주장이었어." 이 사건이 일어난 지 1년 후 남로당은 남조선의 단독선거에 반대했고, 그것이 제주 4·3 사건이 발발하는 계기가 되었다. 그러나 1947년 3월 1일 시위와 총파업이 벌어진 시점에 단독선거 반대라는 이념이 과연 얼마나 제주도에 퍼져 있었는지는 알 수 없다.

체포당하다

3·1절 시위 사건과 총파업에 대해 미군정은 조사단을 파견했는데, 공식 발표를 일절 하지 않고 3월 13일에 제주도를 떠났다고 한다.

그다음 날 미군정 경무부장 조병옥(趙炳玉)이 섬에 도착했다. 3월 14일 제주도에 상륙하자마자 파업 중인 도청을 방문한 그는, 당장 파업을 중지하지 않으면 법에 따라 처벌하겠다고 위협했다.

3월 15일, 전라남도에서 122명, 전라북도에서 100명의 경찰을 제주도에 파견했다. 조병옥은 그들에게 총파업 주모자를 검거하라고 명령을 내린다. 조병옥이 한림면사무소에 나타난 날이 3월 16일, 3월 18일에는 파업과 관련해 체포한 사람이 200명을 넘었고 총파업은 수습 단계로 접어들었다.

3월 말에는 체포자가 300명에 이르렀고, 4월 10일에는 500명을 넘었다.[6] 고모부도 이때 경찰에 체포당하지 않았을까 싶다.

조직에는 연락 세포가 있었는데, 그때 나도 아마 읍사무소였던
가, 그래, 사무소에 다들 모여 대책을 의논했어. 그때는 기동대
도 경찰도 절대 들여놓지 않겠다, 절대로 협력하지 않겠다, 제
주 경찰에게는 물 한 방울도 마시지 못하게 하겠다…… 우리가
틀림없이 이길 거라고 믿었어.

— 예……

그런데 그곳에서 막 이야기를 나누고 있는 동안 들어 본 적도
없는 경찰이 와락 우리를 포위한 거야. 총을 들고서 말이지. 어
떻게 해볼 도리도 없이 그렇게 되고 말았어. 그때 체포당했어.

— 저런! 그래서 재판을 받으셨어요?

내가 그 지역의 대표자였으니까 그랬지. 다른 한 명이 더 있었
는데 그 사람은 자기 형이 판사라서 동생이라고 풀어 주었어.
그래서 나 혼자 남았지.

— 애고! (위와 동일)

총파업과 관련해 1947년 4월 3일 제주지방법원 법정에서
군정 재판을 시작했다. 4월 10일에 500명이 넘는 연행자 중
258명이 석방되고, 나머지 260명이 군사 재판을 받았다. 이연
규 고모부는 후자에 속했다.

영장도 없이 체포했으니까 재판에 부쳤을 때 "교사가 자기가 담당하는 학생을 모아 공부했을 뿐인데 뭐가 불법 집회라는 겁니까?" 했더니 "네가 지금 반론하는 거냐!" 하고 호통치더구나.

— 집회라니요? 뭐가 집회라는 거죠?

그러니까 말이다. 내 죄가 그거라는 거야. 매일 학교에 나가 수업을 했을 뿐인데 말이야. 그런데 검사가 그걸 불법 집회라고 하니까 "교사가 학교에서 학생들 모아 가르친 것이 어째서 불법 집회란 말입니까?" 하고 반발한 거지.

— 우와! 대단하신데요.

내가 그렇게 발언한 걸 가지고 반항했다고 꼬투리 잡아서, 보통은 집행유예를 받는데 난 구형이 10개월이었어. 제일 가벼운 처벌이 6개월인데 난 10개월! (웃음)

— 내 참!

꾹 참고 변호사가 하라는 대로 했으면 좋았을 텐데 그렇게 반발했기 때문에 신문에도 대문짝만하게 났단다. (위와 동일)

하루라도 빨리
도망가야겠다

이 재판을 통해 피고인 대다수가 무허가 집회, 무허가 시위라는 혐의로 처벌받았다. 이연규 고모부가 판결을 받은 날은 4월

28일이었다.

『제민일보(齊民日報)』에 따르면 판결은 그날 오전 9시 40분에 내려졌다. 법정은 "온갖 추측과 억측으로 긴장감에 넘쳤고 방청인으로 초만원"이었다.[7] 이 신문 기사에서 고모부의 이름을 확인할 수 있다. 고모부는 징역 8개월 형을 받고 다른 수감자 57명과 함께 목포형무소로 보내졌다.

— 아저씨는 형무소를 나와 곧장 일본으로 오셨어요?

몇 달 있다가 바로 일본으로 왔지.

— 음, 그러면 4·3 사건 전이었어요? 1년쯤 감옥에 계셨으니까요.

바로 전이었어, 직전! 4·3 사건은 내가 출옥한 해에 일어났어. 그래서 그때 늦게 출옥했으면 아마 난 지금 없을 거야.

— 그럼 형무소 나와서 일본으로 건너올 때까지는 뭘 하셨어요?

아무 일도 안 했어. 그때 제주도는 온통 좌익들이 판치는 빨강 세상이었고, 노동당의 지배 아래 있었기 때문에 다들 끝까지 투쟁한다고 산으로 올라갔어. 하지만 난 반대했지. 사방이 바다인 섬나라인데 아무리 산에 올라간다고 해도 포위당하면 끝장이 아니겠는가, 절대로 이길 리 없다고 말이야. 아우가 일본으로 간다고 했을 때인데, "절대로 질 테니까 싸움에 가담하지 마라" 했더니, 그러면 자기는 일본으로 도망가겠다고 하더라고.

— 예……

나도 조직이 권해서 몇 번이나 함께하자는 말을 들었어. 그렇지만 형무소에서 몸도 상하고 해서 가담하지 않았지. 형무소에서 이런저런 일을 겪었거든.

— 아, 역시……

산에 올라가 봤자 이길 리가 없잖니. 그래서 합류하라는 권유를 받았어도 핑계를 대고 참가하지 않았어. 그런데 일본으로 건너왔더니 4·3 사건이 일어났다는 거야. 나한테 함께하자고 한 친구들은 죄다 죽임을 당했어. **(위와 동일)**

제주도에는 미군의 지원을 등에 업고 새로 부임한 유해진 (柳海辰) 지사가 강경하게 곡물 징수 정책을 시행하고 좌익을 탄압했다. 이 인물에 관해서는 미군조차 다음과 같이 평가했다. "유해진은 독재 정치를 통해 정치 이념을 통제하려고 했고, 그 때문에 좌익이 지하로 쫓겨 들어가 훨씬 위험한 활동 집단으로 변했을 뿐 아니라 좌익과 동조자의 수가 날로 증가하고 있다."[8] 서북청년회(북한 지역의 사회주의 정권 수립과 친일파 청산 정책에 따라 북위 38도 이남으로 넘어온 우익 청년의 반공단체. 서북청년단이라고도 함)[9]의 횡포는 섬 곳곳에 미쳤고, 육지에서도 경찰을 대거 파견했다.

이러한 강경한 정책과 경찰의 횡포로 인해 제주도의 남로당원은 급속하게 과격해지고 봉기를 일으키는 방향으로 나아갔다. 4·3 사건의 구체적인 시기와 양상에 관해서는 연구가 계속 이루어지고 있다. 1948년 3월 15일, 남로당 제주위원회는 "첫째, 조직의 수호와 방어의 수단으로서, 둘째, 단선(단독선거)·단정(단독정부) 반대의 구국 투쟁으로서, 적당한 시기에 전 도민을 결기시키는 무장 반격전"을 결정했다.

이것이 바로 1948년 4월 3일부터 시작된 '제주 4·3 사건'의 발단이다. 고모부가 석방되어 제주도로 돌아온 시기는 바로 그 결정이 나오고 4·3 사건이 터지기 직전이었던 셈이다.

제주로 돌아왔더니 침략군과 싸워야 한다고 하더구나. 다들 산에 들어가서는 내려오지 않았지. 경찰 부대, 파견 부대와 싸운다고 말이야. 쌀이 없으니까 콩을 볶아 식량으로 삼았는데, 마실 것이며 먹을 것은 죄다 여성 부대가 맡았어. **(위와 동일)**

인터뷰할 때 고모부는 이 한 달이 인생에서 가장 괴로운 시기였다고 회고했다.

꼼짝할 수도 없었지. 감시하는 눈이 무서웠으니까. 숨도 편하게 쉴 수 없었어.
— 그러셨군요.
그래서 '하루라도 빨리 도망가야겠다'는 생각만 했어. 일본에 갈 돈을 모았어. 설탕 같은 거, 그러니까 여기(일본)에서 어쩌면 돈이 될지도 모르는 것을 모으고, 떠날 궁리만 했어. 어디에 가

든지 모르는 사람이 다가오면 '혹시 경찰이 아닐까?' 전전긍긍
했지. 항상!

— 음……

어디에도 갈 수 없었어. 그게 제일 괴로웠어. (위와 동일)

운을
하늘에 맡기고

1948년 3월, 이연규 고모부는 일본으로 가는 배에 올라탔다.
좀 길기는 해도 그때 상황이 어떠했는지 묘사하기 위해 인터
뷰 내용을 그대로 인용한다.

— 어떻게 일본에 오셨어요?

밀항선을 탔어. 작은 배야. 소문으로 어디 어디에 어떤 배가 있
다는 소식을 알아내서 부탁했지. 제발 태워 달라고 말이야. 얼
마 내라고 해서 그 돈을 마련했어.

— 돈을 내라고 했어요?

그럼, 돈을 꽤나 많이 냈는걸.

— 그랬군요.

일본에 간다니까 동정을 받았지. 도시락이라도 사 먹으라고 돈
을 주는 사람도 있었어. 친한 사람한테는 도망간다고 귀띔하지

않았겠니.

— 예.

격려도 해 주고 조심해서 가라는 말도 해 주고들 그랬지. 그런데 드디어 떠나는 날, 친한 사람과 함께 가는데 그 사람이 사정을 잘 알아서 몇 시, 어디에 모이라고 했어. 커다란 가방에 먹을 것과 옷을 싸서 집을 나섰는데 깜깜한 밤이었지. 가방이 거추장스러우니까 그대로 던져 버렸어.

— 그럼 아무것도 안 가지고 오셨어요?

아무것도 안 가지고 왔어. 주머니에 50엔 남짓만 들어 있었지. 운을 하늘에 맡긴다는 마음이었어. 그런데 막상 배에 올라타려고 하니까, 배 있는 데까지 바닷속을 걸어야 하잖니. 글쎄, 옷이 다 젖어 버렸지 뭐냐.

— 아이고!

그래도 배가 작아서 바닷가 어디쯤 얼마간 가니까 금방 탈 수 있었어. 안을 들여다봤더니 발아래에 사람이 잔뜩 앉아 있는 거야. 선실 말이다. 차마 들어갈 수 없어서 배 가장자리에 걸쳐앉았어. 다들 목숨 걸고 도망치는 중이었으니까.

— 아…… 그러면 배 안에는 어떤 사람들이 있었어요?

전혀 모르는 사람들뿐이었어. 어쨌든 컴컴한 곳을 봤더니 정수리만 빼곡하게 보이더라고. 그 속에 끼어들 수는 없는 지경이라 배 가장자리에 앉았던 거야. 그런데 밀항을 막으려는 경비선이 있잖니. 부디 경비선에 들키지 않도록 선장에게 부탁한 게,

바로 목숨을 부탁한 거였어. 그 배가 움직이기 시작하자 파도가 가슴까지 부딪치더구나.

— 음, 음.

물보라가 그렇더구나. 속으로, 이래서 과연 무사할까 생각했지. 앉아서 졸기라도 하면 끝장이야. 바다로 풍덩! 그런 생각을 했더니 한숨도 못 자겠더라.

— 그럼 계속 앉아서!

그런데 어디쯤이었더라? "경비선이다!" 하는 소리가 들렸어. 서로 밀치고 밀리면서 다들 배 아래로 들어갔지. 정말이지 쌓이다시피 꾸역꾸역 말이야. 갑판에 뚜껑을 덮고 숨을 죽이고 있다가 구둣발 소리가 나면 '아, 이 위에 와 있구나!' 하고 잔뜩 졸아 있었는데, 무사히 통과했어.

— 예……

경비선이 실제로 수색했는지 안 했는지는 모르지만 이젠 괜찮다고 하더라고. 그래서 며칠이나 항해해서 도착한 곳이 구마모토(熊本) 어딘가 작은 항구였어. 구마모토까지 왔더니 같이 온 사람이 신발을 말끔하게 털고 밀항자로 알아보지 못하도록 하라더군. 어떻든지 산이니까 계속 걸어갔어.

— 흠……

집마다 불빛이 보이기도 하고 라디오 소리가 들리기도 했어. '아, 사람이 사는 곳이구나!' 싶어서 쉬지 않고 걸었지. 아침이 밝으니까 마을 사람들이 나와서 도로 공사라도 하는지, 일하는 사람들이 잔뜩 나와 있었어.

그때 우리 중 리더였던 사람이 유창한 오사카 사투리로 "하이킹하러 왔는데 길을 잃어버렸소" 했어. 원래 오사카에 있던 사람이었거든. 그러자 일본인이 정말 친절하게 이렇게 저렇게 가면 구마모토역이 나온다고 가르쳐 주더라고. 그렇게 무사히 통과했어. 파출소 근처로 갔을 때는 경험 있는 사람이 "이리로 가면 안 돼" 하고 알려 주었지.

— 흐음……

구마모토역에 닿았더니 암시장에 나온 조선인이 많이 있더구나. 그곳에서 동료들과 돈을 모아 밥을 먹었어. 밥을 먹고 났더니 동료 한 사람이 규슈(九州)에 아는 사람이 있어서 그리로 가는데 같이 가자고 하더라고. 그래서 규슈 오이타(大分)라는 곳으로 갔어.

— 그럼 구마모토에서 오이타로요?

거기 갔더니 친절하게 맞아 주더구나. 처음으로 목욕탕이란 데도 갔단다.

— 그때 목욕탕에 가신 게 처음이었어요?

응, 처음이었어, 인간답게! (웃음) 이것저것 맛있는 것도 내주고 해서 그곳에서 느긋하게 하룻밤 묵고, 다음날 각자 목적지로 떠났어.

— 어머나, 그런 식으로 일이 잘 풀렸네요.

오사카에 건너올 때 50엔밖에 갖고 오지 않았지만 잘 풀린 셈이지. 그다음 규슈에서 벳부(別府)까지 와서 연락선을 타고 오사카에 도착했어. 전철을 타야 하는데 두 명인가 세 명인가 같이 있었어. 내가 가고 싶은 곳은 후세(布施)였지. 후세에 아는 사람이 있었거든. 그래서 그곳으로 가려고 했어.

— 그다음에는요?

물어봤지. "후세에 가려면 어떻게 갑니까?" 하고는 걸어서 갈 수 있느냐고 했더니 갈 수 있다고 해서 무작정 걸었어. 비가 와서 모자가 반쯤이나 젖어 버렸기 때문에 밀항했다고 들키지 않을까 조마조마해하면서 말이야. (웃음)

— 호호!

가진 돈은 50엔 정도였는데, 설탕을 약간 들고 있었어. 당시는 설탕도 배급이라 어지간해서는 손에 넣지 못했거든. 어딘가 담뱃가게라도 있으면 설탕을 팔아 보자 했지.

— 아, 그런 방법이 있었군요.

후세까지 오긴 왔는데 내가 찾던 집을 못 찾아서 어슬렁어슬렁 헤맸어. 젖은 모자는 벌써 내버렸지. 그런데 결국에는 내가 모험을 좋아하니까 호텔이나 여관에 가서 묵자, 돈이야 나중에 생각하자, 이랬어. (웃음)

— 엄청난 모험이었네요.

여관을 찾았더니 마침 있더라고. 그래서 들어갈까 하는 참이었는데 어떤 사람하고 딱 마주쳤어. 그 사람이 마침 조선인이어서 물어봤지. 이런 사람 모르느냐고. 그랬더니 사람은 모르는데 주

가족의 역사를 쏩니다

소를 보더니 어디라고 가르쳐 주더라고.

— 운이 좋았네요.

대낮이 지나서야 겨우 목적지에 도착했어. 그게 출발점이야. (위
와 동일)

남겨진
사람들

오사카에 오자마자 이연규 고모부는 아는 친척 집에 살았다.
맨 처음에는 민족학교 교사로 취직했지만 금방 사직했다[소
풍 때 긴테쓰 아야메이케(近鉄あやめ池) 유원지에 갔던 듯하다]. 제주
도 상황이 어떤지는 신문을 통해 자세히 알고 있었다.

제주도 출신이 많은 오사카에서는 4·3 사건에 관한 보도도
많았고, 추모 집회도 자주 열렸다. 1949년에는 1월부터 3월까
지 이쿠노(生野), 이마자토(今里) 등에서 추도 집회와 보고회가
열렸고, 4월부터 6월에 걸쳐 『해방신문(解放新聞)』이나 『민청
오사카(民青大阪)』 같은 신문은 학살당한 사람의 가족 인터뷰
를 싣기도 하는 등 제주도의 참상을 보도했다.[10]

[제주에 있는] 우리 집에도 몇 명이 찾아왔던 것 같아. 몰래 숨
어든 사람들에게 먹을 것을 주었더니 눈에 띄지 않게 가더란다.

그런 일이 몇 년은 계속 이어졌지만, 언제까지나 계속될 수는 없는 노릇이었지. (2007년 11월 29일)

이연규 고모부는 가족을 남겨 두고 오사카에 왔다. 아버지는 벌써 타계하고 안 계셨지만, 어머니와 남동생은 제주도에 남았다.

둘째 동생은 '산에 들어가려고 했지만', 다시 말해 게릴라가 되어 4·3 사건에 참가하려고 했지만, 도중에 계획을 바꾸어 서울로 향했다. 6·25 전쟁 때까지는 연락이 닿았는데 그 후에는 38선을 넘어 북으로 넘어갔는지 연락이 끊어졌다.

집에 남아 있던 막냇동생에 대해 고모부는 다음과 같이 말씀했다.

그때 남조선 상황은 이루 말할 수가 없었어. 예를 들면 제주에 건너온 서북청년단은 폭력밖에 몰라. 제주도 사람들은 그 당시 소학교라도 나왔는데 그 사람들은 소학교도 나오지 않았지. 그런 자들이 명색이 경찰관이라고 제주도를 들쑤시고 다니면서 난장판을 만들었어.

우리는 그놈들에게 철저하게 괴롭힘을 당했어. 말도 못 하게 나쁜 일을 당했어. 그 아이(막냇동생)는 군인도 아니고 아무것도 아닌데 무작정 잡아갔어. 폭도라고 몰아붙여서 말이야. 그 애가 거제도 섬으로 끌려가 갇혀 있다는 소식까지는 들었지만……

가족의 역사를 씁니다

— 죄송해요, 고모부, 잠깐만요. 산으로 올라가겠다고 한 동생은 둘째 동생이죠?

둘째 동생이 산으로 간다고 했어.

— 그러면 막냇동생은 둘째 동생을 따라가다가 붙잡힌 건가요?

그렇지. 형을 찾으러 간다고 나갔는데 결국 도중에 붙잡혔어. 그 애는 군인도 뭣도 아니야. 동네 여자아이가 "가면 죽을 거야, 가지 마!" 하고 말해 준 것 같은데, 그 애는 "나쁜 짓도 하지 않았는데 왜 죽어?" 했다더군. 그 말이 마지막이었대(이때 고모부는 잠시 울음을 삼켰다).

— 어휴……

거제도에서도 반란이 일어났어. 그걸 빌미로 죄다 죽인 모양이야. 그때 막냇동생도 죽임을 당했다고 생각해(이때도 고모부는 목이 메었다). 어떻게 죽었는지 전혀 알 수가 없어. (2007년 10월 4일)

고모부의
해방

오사카에 와서 몇 년 동안(구체적으로는 잘 모른다) 고모부는 농가에서 쌀을 사다가 암시장까지 실어다 주고 보수를 받는 일을 했다. 그러다 경찰관에게 심문받은 적이 있다고 한다. 그때 어떤 일이 있었는지 살펴보자.

쓰루가(敦賀)역[후쿠이(福井)역]에서 잡혔어. 다섯 되인가 여섯 되밖에 없어서 선반 위에 올려 두었는데, "이건 누구 거냐?" 해서 "제 것입니다" 했지. 그 정도로는 아무 일도 없을 것 같아서 그렇게 말했더니 암시장 거래를 했다고 끌어 내린 곳이 쓰루가역이었어. 그래서 그곳에서 재판을 받았어.

재판에 나가서는 "조선에 있을 때 교사였습니다. 일본인이 되라고 가르치는 바람에 민족 반역자로 몰려 쫓기다가 일본에 왔습니다" 하고 말했어. 판사는 조선 사정을 잘 모르니까. "오늘은 당신 쌀을 사들이겠소. 쌀값을 내줄 테니 갖고 돌아가 제사를 잘 모시도록!" 하더라고. 그래서 하루 갇혔다가 나왔어.

(위와 동일)

이 대화가 정말인지 아닌지 확인할 방법이 내게는 없다. 고모부는 아마도 재판을 받지는 않았을 것이다. 변호사도 없었을 것이고, 그날 당장 그 자리에서 재판이 열렸다고 보기도 어렵다. 아마도 고모부와 이야기를 주고받은 사람은 판사가 아니라 경찰관이 아니었을까. 고모부는 강제 송환을 당하지 않은 만큼 석방된 것은 확실하다. 경찰이 참으로 쌀을 사들였는지 여부는 알 수 없다.

또 하나 확실하게 밝혀진 것이 있다. 만약 고모부가 경찰관에게 "조선에 있을 때 교사였습니다. 일본인이 되라고 가르치는 바람에 민족 반역자로 몰려 쫓기다가 일본에 왔습니다" 하

　　　　　　　　　　　　가족의 역사를 씁니다

고 말했다면, 그건 거짓말이다.

분명히 고모부는 소학교 교사로 일하던 당시 어린 학생들에게 일본어를 강요한 적이 있다. 그러나 그 일 때문에 민족 반역자로 몰려 쫓기는 신세가 된 적은 없다.

이연규 고모부가 '쫓기는 몸'이 된 까닭은 남로당에 입당해 고향 마을에서 제주도 전체의 파업을 지도했기 때문이다. 더 정확하게 말하면 그는 쫓기는 처지가 아니었다. 체포당한 경험을 통해 좌익의 봉기는 도저히 이길 승산이 없다고 내다보고, 동지들뿐 아니라 동생들, 어머니까지 남겨 놓고 홀로 오사카로 '밀항'한 것이다. 이는 그동안 생활사 구술을 통해 명백히 밝혀진 사실이다.

그러면 어째서 고모부는 경찰에게 자기가 쫓기다가 일본에 왔다고 말했을까? 여기서부터는 추측의 영역이다. '조선에서 일본인이 되라고 가르친 바람에 설 자리가 없어져 일본으로 올 수밖에 없었다.' 이 서사는 '남로당원으로서 파업을 지도하는 바람에 고향에 있을 수 없어서 일본으로 올 수밖에 없었다'는 서사와 전혀 다른 인상을 일본인 경찰에게 주었을 것이 분명하다. 후자의 서사를 이야기했다면 고모부는 즉시 강제 송환을 당했을 것이다.

고모부는 당시 외국인 등록 증명서를 아직 취득하지 못했고(1947년 7월 2일 외국인 등록령이 공포·시행되어 외국인 등록증을 갖고 있지 않은 사람은 불법 체류자로 여겨질 우려가 있었다), 그때까지 자신의 신분을 증명할 만한 것이 아무것도 없었다.

그 무렵 시마네현(島根縣)이나 돗토리현(鳥取縣)에서는 경찰뿐 아니라 지역 소방서, 어협(漁協) 등이 '불법 체류자'를 찾아내 체포하려고 노력했다. 암시장까지 쌀을 나르는 조선인, 그것도 외국인 등록증이 없는 젊은 독신 남성을 심문할 때, 경찰이 그 남성을 '불법 체류자'로 의심했다고 한들 전혀 이상하지 않다.

그러나 고모부는 강제 송환을 당하지 않았고, 경찰이 정말 쌀을 사 주었는지는 알 수 없지만, 여하튼 하룻밤 심문만 받고 오사카로 돌아올 수 있었다. 그는 자신의 경력 가운데 필요한 정보를 취사선택해 일본인 경찰이 가장 받아들이기 쉬우면서도 양심의 가책을 받을 만한 서사를 지어냈고, 그럴듯하게 진실성을 부여해 자신의 신상을 피력함으로써 원하는 결과를 이끌어 냈다. 그의 시도는 성공적이었다. 그런 의미에서 이 에피소드는 성공담이다.

이 에피소드를 이야기하는 동안 고모부는 울먹이셨다. 고모부가 생활사를 구술하는 동안 울먹인 것은 세 번이다. 남로당에 입당했을 때 동지들이 죽음을 무릅쓰고 서로 앞다투어 먼저 나섰다던 에피소드, 막냇동생의 최후를 예상하던 대목, 쓰루가역에 내려 경찰에게 심문받던 에피소드가 그것이다. 막냇동생의 최후를 이야기할 때 눈물을 보인 것은 형으로서 부자연스러운 일이 아니다. 남로당원으로서 활동하던 때

가족의 역사를 씁니다

를 회고하면서, 만약 자기가 어리석었다고 후회의 눈물을 흘렸다면(나는 결코 고모부가 어리석었다고 생각하지 않지만) 그것도 그런대로 수긍할 수 있다. 그런데 쓰루가역에서 일어난 에피소드를 이야기할 때 고모부가 울먹인 이유는 과연 무엇일까?

고모부는 일본이나 일본인에 대해 좋은 인상을 품고 있었다. 어릴 적 일본인 경찰에게 통역해 준 일을 자랑스러워했고, 젊을 때는 일본 유학의 꿈을 꾸었다. 소학교 교사였을 때도 일본인 선생이나 교장이 훌륭하다고 여겼다. 비록 그들이 고모부나 다른 조선인 교사들에게 아무 말 없이 몰래 떠나 버렸을지라도 말이다.

황민화 교육을 담당한 것도 당시로서는 당연한 일이었을 뿐, 반감을 품으면서도 어쩔 수 없이 일본의 정책에 따른 것은 아닐지도 모른다. 그렇지만 물론 교사로서 황민화 교육에 일조한 경력은 동포에게 비난받을 일이 아닐까 하는 두려움을 안겨 주었다.

고모부는 조선인 관리가 마을 사람들에게서 제사 때 쓰는 그릇이나 음식을 공출해 갔다고 했는데, 해방 후 가장 심하게 증오와 공격의 대상이 된 것은 일본인이 아니라 그런 조선인이었다고도 했다.

같은 제주도 사람이라도 관청에서 일하는 사람들은 엄청나게 으스댔거든. 관존민비! 말만 그런 게 아니라 조선에서는 실제로 관존민비가 심했어.

— 관존민비요? 아……

이를테면 공출이란 게 있었거든. 나라에 올해 거둔 작물을 거의 전부, 99퍼센트를 바쳐야 했어. 어딘가에 몰래 숨겨 놓은 쌀을 찾아내는 건 역시 조선인 관리들이었어. 자기보다 나이가 많은 사람이라도 관리들은 뺨을 철썩철썩 때렸지. 자기 출신 마을에서는 그런 짓까지 하기는 어려우니까 서로 번갈아 다른 마을로 나가서 그런 짓을 일삼았어.

— 저런……

같은 민족끼리 그런 일까지 당했단다. (2007년 11월 29일)

한림면의 면장도 [조선 해방 후에] 젊은이들이 오라고 하니까 양복을 차려입고 오더구나. 얻어맞을 각오를 한 거지. 그 사람은 원래 경찰관이었는데 면장이 되었어. 어떻게 재산을 장만했는지는 알 수 없지만, 학교에 비품을 잔뜩 기증했어. 자기 이름을 다 새겨서 말이야. 기억할 만한 물건은 전부 그 사람이 기증한 거야.

— 어머나!

아주 대단한 인물이었어. 예를 들어 도로를 만들려고 하잖니. 그러면 그 사람이 정중앙에 서서 얼마라고 측량하고 곧장 걸어가면 바로 길이 생겨 버렸다니까. (2007년 10월 4일)

난폭한 청년들이 그런 대단한 사람을 붙잡아다가 "이봐, 풀이나 먹어" 했으니……

— 풀이라고요?

공출 내라, 공출 내라 해서 다 뺏기고 말았잖니. 그러니까 "당신, 우리한테 풀이나 뜯어 먹으라고 했지? 그러니까 당신이 한번 먹어 봐" 한 거지. (2007년 11월 29일)

이연규 고모부는 자기가 공격받을 것을 두려워하지 않았을까. 그런 두려움이 없었다면, 고모부가 남로당에 입당해 지역의 대표자처럼 될 정도로 열심히 활동할 까닭이 없었을 것이다.

고모부는 '일본 제일의 교사'가 되기 위해서가 아니라 '민족 반역자로서 쫓기는 몸이 되어' 일본에 왔다. 그가 일본에 온 것은 학생들에게 '일본인이 되라고' 가르쳤기 때문이 아니다. 공산주의를 '그야말로 진리'라고 믿고 그 활동에 가담했기 때문이다. 아니, 그는 쫓긴 적조차 없다. 스스로 제주도를 떠났을 뿐이다.

그는 조직의 상황을 보고 자기들은 '싸워 봤자 이길 승산이 없다'고 판단했다. 운 좋게 일본에 상륙하고 나서는 일본 국내를 이동하는 방법에 대해 상세하게 알고 있는 사람(아마도 양국 간 이동을 도와주던 누군가)과 함께 행동했고, 발각을 면했다. 오사카에 도착한 뒤에는 왼쪽 오른쪽도 모르는데도 겁내지 않고 어떻게 행동할지 계획을 세웠고, 지나가던 사람에게 말을 걸어 자기가 가려던 곳으로 안내까지 받았다.

이연규 고모부의 생활사는 가혹한 역사에 희롱당한 비극적 지식인의 개인사로 읽힐지도 모른다. 그러나 그의 행동을 기술한 내용을 살펴보면, 무력하고 나약한 지식인이 아니라 냉정하고 대담한 청년의 모습, 다시 말해 힘겨운 삶의 압력에 굴하지 않고 자신의 실력을 제대로 판단하고, 한숨도 잘 수 없는 상황에서도 믿을 만한 사람을 찾아내고, 가 본 적 없는 낯선 곳에서도 목적을 달성하고, 여차하면 경찰관 앞에서도 한판 연기를 펼칠 수 있는 모습을 찾아볼 수 있다.

앞에서 인용한 인터뷰의 발췌 대목에서, 고모부는 "판사는 조선 사정을 잘 모르니까" 하고 말할 때 '잘'이라는 부사를 약간 낮고 힘 있는 목소리로 천천히 발화했다. 바꾸어 말하면 '잘 모른다'는 '그렇게까지 자세히 모른다'는 뜻이 아니라 '너무나 모른다'는 뜻으로 이해해야 한다.

신촌리에서 4·3 사건을 체험한 고난희(高蘭姬) 씨는 다음과 같이 회상한다. 일본에 건너오기 위해 배에 올라탔을 때, 무장대 지휘관인 이덕구(李德九)와 김대진(金大珍)이 나타나 배에 탄 사람들에게 이렇게 말했다고 한다. "너희들, 양심이 있으면 당장 내려. 이렇게 중대한 일이 벌어지고 있는 마당에 자기 몸만 도망가면 어쩌자는 것이냐. 너희들은 도피자야. 자기 나라를 버리고 떠나는 도망자니까 두 번 다시 조국의 땅을

밟아서는 안 돼."[11] 고모부는 이 말을 직접 들은 적이 없지만 자신을 도피자라고 생각하지 않았을 리도 없다.

쓰루가역에서 쌀을 나르는 조선인을 심문한 판사는 알지 못했다. 눈앞에 있는 청년의 경력, 그가 맛본 갖가지 폭력, 그로 인한 공포, 그의 사고력이나 결단력, 일본과 일본인을 향한 그의 동경, 그러한 동경을 품고 그가 해 온 일, 그 때문에 도피자가 되어 버린 처지, 그렇게 되기까지 조선과 제주도에서 벌어진 상황 등등 실로 판사는 무엇 하나 알지 못했던 것이다. 아니, 너무나 모른 것은 단지 판사뿐이 아니었다.

60년이 흘러 고모부는 제주도를 떠났던 자신의 선택을 긍정했다.

내가 기뻤다는 말은 [제주] 4·3 [사건] 전에 여기로 왔다는 뜻이야. 내가 이쪽으로 도망쳐 왔을 때가 봄이었는데 정말이지 몇 개월 사이에 친구라든지 다른 사람들이 보리밭에서 총살당했다는 둥 온갖 소문이 들려왔어. 제주도로 온 높은 경찰 양반이 마을 사람들을 모조리 붙잡아서는 일렬로 줄을 세워 놓고, 할머니 앞에 손주를 세워 놓고 총을 쐈다고도 하더구나. 참으로 소름 끼치는 일이야. 그렇게 소름 끼치는 일을 안 보고 도망친 게 다행이지.

— 그러면 일본으로 와서 다행이라는 말씀인가요?

해방된 기분이야.

― 일본에 와서 해방되었다고요.

그래. 다행이었어. (2007년 10월 4일)

전쟁과 식민 지배가 끝났을 때 고모부는 '축하 집회'에 참가하지 않았다. 제주도를 떠나 오사카에 와서야 비로소 그는 '해방된 기분'을 맛보았다.

고모부는 무엇으로부터 해방되었다는 것일까. 경찰의 감시? 밀항할지 산에 들어갈지 하는 선택? 일본인이 되라고 가르쳤던 과거? 그 일로 공격받을 가능성? '해방'이란 그에게 어떤 것이었을까?

그 답은 아무도 모를 것이다.

아름다운
제주

암시장에 내놓을 쌀을 실어 나르는 일을 얼마 동안 지속한 다음, 고모부는 제주도에 있을 때 알던 사람이 오사카에 있다는 소식을 듣고 그 사람 집을 찾아가 가정교사가 되었다.

그러다가 곧 그 집 가정교사를 그만두고 그 집에서 운영하던 봉제공장에서 일하기 시작했다. 맞선 이야기를 꺼낸 사람은 봉제공장 사람들이었던 것 같다.

가족의 역사를 씁니다

K 씨(봉제공장 경영자)가 나를 걱정하는 마음에, 내가 계속 홀몸으로 지내는데 무슨 생각인지 모르겠다는 얘기를 누군가에게 한 것 같아. 그 당시 나는 아무 생각 없이 일만 하고 있었어. 그랬더니 내 얘기를 들은 어떤 동료가 나한테 이런 사람이 있으니까 한번 만나러 가라고 소개를 해 주더라고. 그렇게 권유를 받고 처음 만난 사람이……

— 아, 그래서 만난 분이……

오이케바시(大池橋) 어딘가에서 저녁때 K 씨 부부와 내가 차를 타고 갔는데, 신호등에 한 번도 걸리지 않은 거야. 그래서 길한 날인 것 같다고 그랬지. **(위와 동일)**

이렇게 이야기할 때 옆에서 고모는 "또렷이 기억하고 있답니다" 하고 살짝 수줍은 듯 웃었다. 고모부는 무뚝뚝하게 이렇게 대답했다. "그때는 당신이 어머님과 함께 살았고 아버님은 안 계셨지. 아, 작은아버님이 계셨어."

결혼 후 고모부는 고모와 함께 K 씨 부부 집에서 살기 시작했다. 고모에게는 외국인 등록증이 없었기 때문에 고모부가 "입국관리소의 높은 사람"에게 부탁해 고모의 등록증을 만들었다. 고모부와 고모는 같은 공장에서 일을 시작했지만, K 씨와 고모 사이가 썩 좋지 않았다. "이 사람과 그 아저씨는 성정이 맞지 않아서 도저히 원만하게 지내지 못하더라고. 옆 사람에게 장단을 맞춰 주는 성격이 아니니까 원만할 수가 없지."

장남이 태어난 직후 고모부 가족은 이사했고, 스스로 양복 공장을 운영했다. 고모는 직공을 고용해 경영과 영업을 담당하고, 고모부는 재단을 담당했다. 양복공장 경영이 궤도에 오르기 시작하자 고모부는 고향에서 어머니를 모셔 오기로 했다.

그러나 이것이 나중에 문제를 일으키는 씨앗이 되었다.

나는 어머님을 이곳으로 모시기 위해 처음부터 한국 국적을 갖고 있었는데 그걸 비난하는 사람이 많았어.

— 흠……

총련의 높은 사람들이 그랬지. 시골 살 때 함께 지낸 사람들이었지만, 한마디로 내가 배신해서 한국 국적을 받았다고 했어. 그걸 비난하려고 나한테 오더라고.

— 아!

"부모를 모셔 오기 위해서는 어떻게 해서라도 한국 국적을 가져야 합니다. 한국에는 보살펴 줄 사람이 아무도 없단 말이오. 친척도 없으니까 내가 모셔야 합니다." 내가 이렇게 강경하게 말해도 소용없었어. "그런 건 이유가 되지 못해. 부모 형제를 생각하는 애국자가 어디 있냔 말이야!"(2007년 11월 29일)

이런 일이 있고 나서 고모부는 오랫동안 민족단체와 관계를 맺지 않았던 듯하다. 그렇지만 그가 일찍이 남로당원으로 활약했던 일이 잊힐 리 없다. 고모부는 자신이 제주도에 오랫

동안 돌아가지 못한 이유가 그 때문이라고 했다.

내가 제주에서는 지명수배자 명단에 올라 있었어. 그러니까 절대 돌아갈 수 없었지. 게다가 내 동생이 북에서 편지를 보냈는데 그게 발각이 나 버렸거든. 요주의, 지명수배! 그러니까 나도 결코 갈 수가 없었던 거야. 고향에 가기를 포기하고 있었어. (위와 동일)

실제로 고모부가 고모와 함께 제주도를 방문한 것은 "30년 만에", 그러니까 1978년 무렵이었다.

30년 만에 돌아왔다고 해서 제주도 일주를 했어. 다들 환영해 주었지. 높은 사람이 초대도 해 주었어. 그래서 아무 걱정할 일이 없었지.
— 그렇군요.
처음에 갔을 때는 경찰한테 전화가 오더라고. "무슨 목적으로 오셨습니까?" 하고 묻기에 "경찰서로 갈까요?" 했더니 "아니, 그럴 필요 없습니다" 하더구나. 그러고 나서는 아무 말도 없었어. (위와 동일)

고향은 몰라보게 변해 있었다. 자기들이 살던 집에는 벌써 다른 사람이 살고 있었고, 동생들의 무덤은 돌보는 사람 없이 그저 어머니가 만든 봉분과 비석만 덩그러니 있었을 뿐이다. 마을에는 친구나 지인이 거의 없었다.

성묘하러 갔을 때 물어보니까 가족이 전부 다른 곳으로 가 버리고 주소도 다 변했다고 하더구나.

예를 들어 자기 동생이 그곳으로 도망쳤다고 하면(4·3 사건 당시 무장대에 참가했다고 여겨지면) 형의 가족도 그곳에 더는 있을 수가 없지. 경찰이 항상 감시할 테니까 말이야. 그래서 도망치는 거지. 예전 모습이 하나도 없더라고. 그래서 옛날에 알던 사람이 없었어.

— 그랬군요.

그래서 지금 '아름다운 제주, 아름다운 제주' 하고 노래를 부르는 건 그런 역사가 있었기 때문이라고 생각해. 다들 어디론가가 버렸으니까. 나야 얼간이라서 다행이었지만, 조금이라도 따지려는 놈, 이치에 맞는 말을 하는 놈은 모조리 낙인이 찍혀 도망치고 말았으니까. 그러니까 그런 골칫거리를 다 쓸어 냈으니까 아름다운 제주라고 말할 수 있는 게 아닐까 싶어. (위와 동일)

'아름다운 제주'라는 어구는 고모부가 예전에 제주국제공항에 내렸을 때 눈에 들어온 것 같다.

두 번째 인터뷰 때, 무슨 생각이었는지 고모부에게 "만약 새 삶을 산다면 무슨 일을 하고 싶으세요?" 하고 여쭈었다. 지금이라면 절대로 그런 질문은 하지 않을 것이다. 고모부는 잠시 골똘히 생각하는 듯하더니 이렇게 대답했다.

글쎄다, 역시 교육자가 되고 싶구나. 이번에는 그렇게 훌륭하지 않아도 좋으니까…… **(위와 동일)**

제3장

일인칭
주인공 시점의 역사
— 박정희 고모

박정희 고모는 몸집이 작고 안짱다리지만 자세가 좋다. 몸은 작은데 목소리는 크다. 고모를 떠올릴 때면 언제나 고모와 나 사이의 친밀함과 거리를 동시에 느낀다.

나는 이른바 '대곡녀(代哭女)'*라고 불리는 사람의 목소리를 들어 본 적 없지만, 고모가 들어 본 적 없는 큰 소리로 통곡하는 모습을 본 적은 있다. 박동규 큰아버지(고모의 남동생)의 장례식 때였다. 고모의 목소리는 크게 울렸고, '와아와아'보다는 '요오요오, 오오오오'라고 받아적는 편이 정확할 것 같다. 목소리는 엄청나게 컸지만, 높지도 낮지도 않고 일정한 리듬이 있었다.

박동규 큰아버지의 장례식 도중부터 고모는 울기 시작했다. 장례식이 끝나고 다 함께 화장터에 갔을 때도 고모는 울

---

* 남의 초상집에서 상주를 돕거나 대신해 곡을 해 주는 곡소리꾼을 가리킨다.

음을 그치지 않았다. 그 전과 똑같이 요오요오, 오오오오 하는 소리를 냈다. 화장터의 문이 닫히자 비로소 고모는 울음을 그쳤다. 그리고 나더니 씻은 듯 태연했다.

큰아버지의 화장이 끝나기를 기다리는 동안 근처 패밀리 레스토랑에서 점심을 먹었다. 무슨 이야기를 나누었는지 기억하지 못하지만 주문한 음식이 얼른 나오지 않으니까 박동규 큰아버지의 부인인 큰어머니가 "빨리 좀 갖다줘요. 우리 달링이 다 타 버리겠네" 했다. 큰손* 박제규 큰아버지(아버지의 큰형. 큰손이란 '큰아들'이란 뜻일까)가 "그렇게 빨리 가져오라고 재촉해 봤자 뜨거워서 못 먹어요" 했다. 화장터에 도착하자 고모는 또다시 요오요오, 오오오오 하고 울었다.

큰손 박제규 큰아버지가 돌아가셨을 때도 고모는 그런 식으로 울었다. 큰손 큰아버지에게는 친구라고 할 만한 사람도 거의 없고 신앙도 없었다. 그렇지만 무슨 일인지 가톨릭교회의 신도들이 지켜보는 가운데 장례식을 치렀다.

혈색이 좋고 얼굴이 동그란 사제가 "우리 형제, 요셉 박제규 씨는 이렇게 생전의 죄를 모두 용서받고, 지금 하느님의 품 안에 계십니다" 하는 말을 되풀이했다.

고모는 장례식 내내 울었다. 그리고 나서는 역시 씻은 듯 태연한 얼굴로 다른 고모들과 함께 있는 자리에서 "저 신부,

---

* 맏아들을 뜻하는 제주도 말.

가족의 역사를 씁니다

죄, 죄 하는데 좀 심하지 않아?", "죄를 모조리 들켜 버렸을까?", "○○야(돌아가신 큰손 큰아버지의 큰며느리), 대체 뭐라고 말했을까?" 이런 이야기를 꽤 진지한 표정으로 나누었다.

나는 기독교의 교의를 잘 모르지만 짐작하건대 대충 그렇고 그런 죄가 아닐까 생각했다. 물론 이런 생각을 입 밖으로 내지는 않았다.

할아버지가
우셨을 때

내가 애초에 우리 집안 친척들의 역사를 알아보려고 마음먹은 계기가 되어 준 사람이 바로 박정희 고모다. 고등학교 2학년이던 해 이른 봄, 제사를 지내고 식사하는 자리에서 박정희 고모는 반복해서 자기들이 '한국으로 돌아갔을' 때를 이야기했다.

배가 부서졌다, 어디로인지 떠다녔다, 아버지(내게는 할아버지)가 우셨다, 집안이 전멸했다고 우셨다…… 이런 이야기였다.

나는 그때까지 우리 가족이 언제, 왜, 어떻게, 일본으로 와서 오사카에 정착하기에 이르렀는지 생각해 본 적이 없었다. 1945년 이전 어느 때쯤 일본에 건너와서 어떤 사정이 있어 오사카에 살기 시작했고, 무슨 일이 있었는지는 몰라도 그럭저럭 현재에 이르렀을 것이라고 막연하게 짐작할 뿐이었다. 강제 연행일까? 그런 느낌은 들지 않는데? 뭐, 이런 식이었다.

그런데 그때 고모가 '한국에 돌아갔을 때'를 이야기한 것이다.

제주도로 한 번 돌아갔었나? 왜? 언제? 그 후에 다시 일본에 온 건가? 왜?

그때야 비로소 나는 내가 아무것도 모른다는 사실을 깨닫고, 이야기를 들어 두어야겠다고 마음먹었다. 하지만 실제로 고모에게 이야기를 듣기 시작한 것은 그로부터 4년쯤이나 지나서였다.

막상 이야기를 들으러 갔더니 고모는 처음에 "나 바쁜데. 내 얘기는 들어서 뭐 하려고 그러냐?" 하셨다. 그래도 내가 "예전에 고모가 할아버지가 우셨다고 얘기한 적이 있잖아요. 그때 무슨 일이 있었는지 알고 싶어요", "고모가 한국에 살았을 때 어땠는지 알고 싶어요" 하고 고집스럽게 버티자 귀찮다는 듯 마지못해 입을 열기 시작했다.

— 고모는 오사카에서 태어나셨어요?

아니야. 네 한머니(할머니) 집(제주도 조천면 신촌리)에서 태어났어. 갓난아기였을 때 왔지. 그때는 연락선이 좀 왔다 갔다 한 것 같아.

— 아, 들은 적이 있는 것 같아요. 그러면 제일 오래된 기억은 오사카에 있을 때였나요?

아니야. 오사카가 아니라 고베(神戸)인 것 같아. 아버지가 포구에서 배를 옮기는 인부였던 것 같아. 내가 어릴 적에 아버지는 배를 끌었어. 그리고 자주 그림연극 공연에 데려가서 보여 준 걸 기억해.

— 아, 고모가, 할아버지와⋯⋯

그랬어, 우리는 배 안에서 살았어. 아버지와 어머니, 큰손(박제규 큰아버지), 셋손*(박인규 큰아버지), 언니(박난희 고모), 성규(박성규 큰아버지. 정희 고모의 바로 아래 동생), 동규(박동규 큰아버지. 사남), 이렇게 다 같이⋯⋯ (2008년 12월 10일)

그렇다면 할아버지, 할머니, 큰아버지, 고모는 도대체 언제 일본에 왔을까? 예전에 아버지가 가져다준 낡은 호적을 보니 아버지 형제분들의 출생을 신고한 곳이 기재되어 있었다. 호적에 따르면 1938년 1월생 박성규 큰아버지는 제주도, 1940년 7월생 박영희 고모는 오사카(후세)에서 태어난 것 같다. 짐작해 보건대 그들은 1938년 1월부터 1940년 사이에 제주도를 떠나 고베를 거쳐 오사카로 이주했을 것이다. 박정희 고모는 1935년에 태어났다.

사실 이 시기 조선에서 일본으로 이주하는 일은 그다지 쉽지 않았다. 원칙적으로는 같은 대일본제국의 영토였지만 조

---

*   둘째 아들을 뜻하는 제주도 말.

선에서 일본으로 건너오기는 힘들었다. 조선에서 내지(일본)로 오는 자유로운 도항을 제한하는 총독부령이 1910년 이래 몇 번이나 발포와 폐지를 반복했고, 1925년 8월에는 내지의 일자리가 정해져 있지 않은 자, 일본어에 능통하지 못한 자, 준비금이 100엔 미만인 자의 도항을 저지하라는 방침을 결정했다.[1] 1934년에는 조선인의 내지 이주를 제한하려는 목적으로 '조선인 이주 대책의 조건'을 내각 회의에서 결정했다.

다만 [스기하라 도루(杉原達)의 『국경을 넘는 민중―근대 오사카의 조선인 역사 연구(越境する民―近代大阪の朝鮮人史研究)』에 따르면] 제주도와 오사카 사이에는 아마가사키 기선부(尼崎汽船部)라는 회사가 정기편 '기미가요마루'[君が代丸. 한국어로 읽으면 군대환(君代丸)]를 운행하고 있었다. 큰아버지와 고모 들이 탄 배가 기미가요마루였는지 아닌지는 알 수 없다.

1940년 시점에 고베 시내에 거주한 제주도민의 인구를 특정하기는 어렵다. 1940년 효고현(兵庫県)의 조선인 거주자 수는 11만 5154명, 1942년 고베 시내의 조선인 거주자 수는 3만 3407명이라고 하는데,[2] 제주도 출신자의 수를 알 수는 없다 [하지만 제주도청의 조사에 의하면 1939년 효고현의 제주도민 거주자 수는 909명(남성 198명, 여성 711명)이었다].

덧붙여 1936년 고베시 조사에 근거한 고베시 내 재일조선인의 인구분포를 보면 고베시의 양쪽 가장자리, 즉 동부와 서부의 공장 밀집 지역인 하야시다구(林田区)와 후키아이구(葺合区)

가족의 역사를 쓿니다

가 그대로 조선인 인구가 많은 지역이 되었음을 알 수 있다.

고모가 선상 생활을 했다고 기억하는 곳이 과연 고베인지 확증할 수는 없다. 적어도 1936년 고베시 조사에는 선상 생활자에 관한 보고가 눈에 띄지 않는다. 한편 1937년 오사카부 학무부 사회과의 조사에는 2843세대의 수상생활자가 있다는 보고가 있고, 그중 두 세대가 조선인이었다.[3] 또한 제주도의 신촌리 출신자가 오사카에서 수상생활을 했다는 증언[4] 등을 통해 식구들이 다들 배 안에서 생활했다는 고모의 기억은 고베가 아니라 오사카 시절에 대한 것일 가능성도 있다.

현재로서는 일단 고모는 1935년에 태어났고, 1938년 1월에는 가족이 다 제주도에 있었고, 1938년부터 1940년 사이에 제주도를 떠나 고베로 건너온 다음 오사카로 이주했다는 것은 사실이라고 할 수 있다.

어린 시절

고모는 기가 세다. 예전부터 변함없이 그런 것 같다.

어릴 때부터 독불장군이었어. 독불장군! 우리 어머니가 언제나 말씀하셨지. 그때는 먹을 것도 없었잖아, 전쟁 중이었으니까. 제사라도 올리는 날이면 떡이 좀 있었어. 참 맛났는데…… 고기도 좀 내오고 할 때 남보다 두 배로 주지 않으면 떼를 썼대. 그렇게 욕심쟁이였다네.

뭐, 그런 기억은 안 나. 먹을 것을 안 주면 그대로 주저앉아 오줌을 싸면서 울고불고 보통 난리가 아니었나 봐. 시끄러운 걸로는 제일이었대, 제일! 애들 열 명 중에 나만큼 시끄러운 애가 없었다고 우리 어머니가 그랬어. 남자애들과 라무네도 했어. 정신없이 라무네 놀이를 하고 베탄도! 남자애들처럼! 남자애들과 똑같이 놀기만 했나. 학교 가는 것도, 공부도 딱 질색이었어. 지금도 똑똑히 기억해. 언제나 화물기차 있는 선로에서 남자애들과 어울려 베탄을 하거나 라무네를 이만큼씩 갖고 놀거나 했어. 큰 오빠한테 얼마나 혼이 났는지 몰라.

— 혼났어요?

막 화를 내면서 호되게 야단쳤지. "남자애들과 함께 놀다니! 너, 바보야?" 하고. (위와 동일)

고모의 손짓과 발짓을 보고 추측하건대 '라무네'는 아무래도 구슬치기 놀이를 말하고, '베탄'은 딱지치기를 가리키는 듯하다.

그때는 말이지, 학동 소개(學童疏開)라고 해서 학교에서 멀리 떨어진 곳에 가 있었어. 후쿠이현에 가 있었는데 내가 신세 진 집에는 정말 좋은 사람들이 살았어. 그 집 언니가 날 얼마나 귀여

위했는지 몰라. 매일 목욕도 시켜 주고 복숭아도 먹여 주었어. 꽃게를 준 적도 있어. 그런데 전쟁이 끝났다고 하면서 전부 한국으로 가 버렸어.

— 그때는 후쿠이에서 곧바로 한국으로 갈 수 있었나요?

내가 집에 돌아왔을 때 부모님은 오사카가 아니라 와카야마(和歌山)에 계셨어. 내가 와카야마에 가서 며칠 동안 있는데 다들 한국으로 가야지, 한국으로 가야지, 그랬어.

— 어머나! 그러면 어떻게 제주로 돌아갔어요?

배가 뒤집히고 말았지, 바다 위에서…… 가족이 다 타고 있었는데 말이야. 어머니는 안에 쌀을 담은 포대기로 애를 업고 있었어. 그때 아버지가 얼마나 울었는지 몰라. 지금도 생생하게 기억나. "우리 가족은 망했어. 대체 우리가 무슨 죄를 졌다고!" 이러면서 우셨어.

— 그러셨군요.

그렇잖아? 배가 뒤집히면 전멸할 수밖에 없지. 그다음에는 계속 떠내려갔어. 어딘가 고장이 났는지도 모르지. 지금은 잊어버린 일도 많지만, 그때 벌어진 일은 또렷이 기억한단다. 그러다가 구조선이라고 하든가? 뭔가 흔들리면서 도와주러 오는 듯 보이는 배가 왔어. 그 배가 우리가 탄 배를 끌고 와 준 거야.

— 다행이네요.

그런데 우리를 끌고 와 준 곳이 야마구치현(山口縣)이었어. 여름이야. 큰오빠와 둘째 오빠가 그곳에서 수영도 했어. 헤엄을 잘 쳤거든. 그곳에서 며칠 있다가 배를 잘 고쳐서 아버지와 도착한 곳이 부산이었어. 부산에 내려서 이것저것 물건을 샀지. 그 후 제주도로 갔어. 또 배를 타고⋯⋯ (2008년 11월 30일)

이상이 내가 고등학교 때 들은 이야기였다. 고모는 이 이야기를 몇 번이나 들려주셨다. 그때의 기억이 어지간히 강렬해서였을까? 아니면 할아버지의 모습이 퍽 의외였기 때문이었을까? 어느 쪽도 다 그럴 것 같다는 생각이 든다.

고모는 특유의 박력 있는 목소리와 연신 서두르는 듯한 어투로 몇 번이나 "대체 우리가 무슨 죄를 졌다고!" 하며 할아버지의 말투를 흉내 냈다. 그래서 어쩌면 할아버지의 말투도 고모와 비슷하지 않을까 하는 생각까지 들었다. 할아버지가 가족을 걱정하며 울음을 터뜨린 일은 그때밖에 없을지도 모르지만 말이다.

제주도 생활

한국으로 돌아갔을 때 큰오빠와 둘째 오빠는 벌써 어엿한 어른이었어. 나보다 나이가 훨씬 많았거든. 뭐, 아저씨였지.

― 아저씨요?

내가 그때 5학년이었는데, 둘째 오빠가 한 달쯤 지났을 때 여기서는 살 수 없다고 하더니 일본으로 돌아갔어.

— 저기, 고모가 제주도에서 할머니, 할아버지, 형제들과 함께 살던 때, 매일 어떤 식으로 생활했는지 여쭈어 보고 싶은데요.

어떤 식으로라니? 어떤 식이 뭔데?

— 예를 들면 하루의 일상생활 같은 거요.

하루의 생활은 뭐 그렇지. 우리 어머니, 네가 보기에는 파파 할머니겠지만, 밭에 작물을 가득 심어 기르셨어. 그 덕에 1년이나 2년은 그럭저럭 먹고살 수 있었어. 푸성귀나 채소가 밭이며 마당에 널려 있었으니까. 열심히 일하셨지. 그리고 우리 아버지, 네가 보기에는 파파 할아버지겠지? 할아버지 얼굴은 기억하니?

— 아니, 전혀요.

기억이 없어?

— 제가 돌 지났을 때쯤 돌아가셨잖아요.

제주도에서 같이 살 때는 먼 데까지 고기 잡으러 나가셨어.

— 가까운 바다가 아니고요?

먼 데라고 말해, 제주에서 바다를 말할 때는 말이야. 제주가 바다인데, 바다에서 바다 한가운데로 나가는 거니까 먼 데라고……

— 아, 그렇군요.

고등어나 갈치를 잡았어. 옥돔…… 옥돔이 있었을까 없었을까? 갈치하고 고등어는 확실한데, 여하튼 옥돔 같은 걸 잡으러 가는 거야. 밤중에, 한밤중에 잡아. 저녁때 가서 아침에 돌아오셨어.
생각 좀 해 봐라, 요즘처럼 날씨 예보도 제대로 없었잖아. 내키
는 대로 나갔다가 '막상 나서 보니 아아, 오늘 날씨는 이렇구나'
하는 거야. 그러니까 많이 죽을 수밖에! 파도가 높이 치거나 태
풍이 와서 말이야. 할아버지가, 그러니까 우리 아버지가 그런
식으로 일했어. 네 아비는 아직 세상에 나오기도 전이야.

— 그렇군요.

그 애는 여기(일본) 와서 태어났으니까. 제주도 갔다가 여기로
다시 온 다음이야. 원규까지야. 원규는 저쪽에서 태어났어, 한
국에서. 내가 자주 마중을 나갔단다. 할아버지가 잡아 온 생선
가지러 나갔어.

— 그러셨군요.

철없을 때였지만 할아버지가 가지고 오는 고기를 목을 빼고 기
다렸어. 그래서 달려간 거야. 어릴 때니까 내가 마중을 나가면,
같이 배 타는 사람들이 모여 있다가 말이다, 우리 아버지가 박
가잖니.

그래서 다들 박희방의 딸이 참으로 미인이라고, 예쁜 애라고 내
얘기를 했단다. 어릴 때는 내가 좀 예뻤거든. 그야 뭐, 어릴 때는
다 귀엽고 예쁘지만 말이다. 참 예쁘게 생겼다고들 했어. 지금도
그 말을 기억하고 있어.

— 어부나 같이 배를 탄 사람들이 그렇게 말했다는 거죠?

맞아, 그렇지. 박희방의 딸이라고! "박희방의 딸이 얼마나 귀여

운지 몰라!" 어린 마음에도 그 말이 얼마나 기쁜지, 마중 나가겠다고 했지. 마중 나가는 일은 그렇게 된 거야. 좀 힘들어도 나가곤 했어. 지금 내가 말한 배는, 그러니까 할아버지의 동생, 제일 아래 막냇동생이 계셨어. 우리 아버지가 가운데, 남자 삼 형제 중에……

— 삼 형제 말고 가족은 또 누가 있었어요?

여자도 있었어. 두어 명 있었는데 제일 밑의 삼촌, 그러니까 우리 아버지 동생한테 시집온 분이 있었어. 내게는 작은어머니였지. 작은아버지의 부인이니까 작은어머니! 착한 사람이었어. 나를 자기 자식처럼 아주 아주 귀하게 여겨 주었어.

— 가까운 곳에 살았어요?

무슨 소리, 한집에 살았지. 너도 한국 집이 어떤지 알 거야. 여기가 본채, 여기가 별채, 여기 또 이렇게 작은 집, 이렇게 세 채쯤 있잖니. 여기 맞은편에 있는 작은 집, 거기에 작은어머니가 살았던 거야.

— 작은아버지는요?

그때 작은아버지는 일본에 계셨어. 이 작은어머니만 나를 딸처럼 대해 주셨지 뭐냐. 밥도 챙겨 주고, "이리 오렴, 이리 와서 같이 먹자" 하셨지. 거의 같이 살았다고 해야겠지.

— 고모도 거기 사셨다고요?

거기서 같이 살았어. 뭐, 세를 낼 일도 없고 하니 말이야. 그때는 그분도 젊었고…… 그러니까 뭐니 뭐니 해도 한국에 있을 때가

즐거웠어. 채소도 푸짐하게 있었고, 열매가 열리는 것도 얼마나 기뻤는지 몰라. **(위와 동일)**

이때 들었던 고모의 이야기는 하나같이 흥미로웠다. 할아버지가 고기 잡는 일을 했다는 것, 고모의 가족 중 누군가가 일본에 가 있는 일쯤은 그리 별다른 일이 아니라는 것, 고모가 (아마도 조부모님이 일본으로 온 뒤) 그녀의 작은어머니와 함께 살았다는 것, 그곳에서 귀여움을 받았다는 것 등등. 어느 것 하나 내가 미처 알지 못했던 이야기다.

역사가 되지 않은 경험

동시에 나는 의아스럽다고 여겼다. 아무리 시간이 지나도 4·3 사건 이야기가 나오지 않았기 때문이다. 고기 잡은 이야기, 밭에서 일한 이야기, 집과 가족 이야기뿐이었다.

나는 이와 비슷한 일을 그 후에도 몇 번이나 경험했다. 한마디로 "4·3 사건 때 어떤 일을 겪었어요?" 하고 물어도 그에 상응하는 대답을 들을 수 없었던 경험 말이다. "위험한 일은 겪지 않았어"라든지 "별로 큰일은 아니었어"라든지 "기억나지 않아"라는 대답이 나온 적도 있다.

가족의 역사를 쑵니다

그럴 때 내(청자)가 보이는 반응은 다섯 가지쯤 된다. 첫째는 아주 단순하다. '이 사람은 분명히 자기 입으로 이야기하고 싶지 않구나' 하는 생각에 더는 묻지 않고 답변 듣기를 단념한다.

둘째는 이야기해 준 그대로 받아들여 '이 사람은 4·3 사건을 기억하지 못하는구나' 또는 '별달리 대단한 사건이 일어나지 않았구나' 하고 넘어간다.

셋째는 '이 사람이 어떤 허위의식을 품고 있는가 보다' 하고 이해한다. 다시 말해 지배계급(이때는 대한민국 정부)의 영향을 받았거나 정치 이야기를 피하려는 성향 때문에 4·3 사건을 언급하지 않도록 신경 쓰고 있으리라고 추측한다.

넷째는 내 물음 자체가 틀리지 않았을까 재고해 본다. 이런 경우라면 '4·3 사건을 체험하는 일'이란 과연 어떤 것인지 생각해 보는 일로 귀결한다. 어떤 이야기를 들어야 우리는 그 사람의 이야기가 '4·3 사건의 체험담'이라고 여기는 것일까? 바꾸어 말하면 고모가 '4·3 사건'을 기억하지 않는다는 것, 자신의 체험을 '4·3 사건'으로 이해하지 않는다는 것은 무슨 뜻일까?

4·3 사건이 일어나지 않은 것도 아니다. 고모가 아무 체험도 하지 않았다는 말도 아니다. 같은 마을에서 같은 시기에 같은 집에 살던 박성규 큰아버지는 자신이 열 살 때 무슨 일이 일어났고 자신이 무슨 일을 했는지 똑똑히 기억하고 있었

다. 고모도 틀림없이 같은 마을에서 같은 일을 겪었을 것이다. 그런데도 고모는 자신의 체험을 4·3 사건으로서 기억하지 않았고, 심지어 '무서웠다'든지 '위험했다'는 기억도 없었다. 어쩌면 고모는 무언가 기억하기는 하는데 그것을 4·3 사건으로 이해하지 않고 있는지도 모른다.

마지막으로 다섯째는 고모가 4·3 사건을 체험하고 기억하는데도 결코 이야기하려 하지 않을 가능성이다.

고모는 4·3 사건을 보고, 듣고, 체험하고, 알고 있다. 남동생이 며칠 동안 실종 상태였다는 사실도 알고 있다. 집에서 밥을 먹고 있는데 총을 든 남자들이 찾아와 밖으로 나오라고 위협하는 바람에 마을 사람들과 몇 시간이나 기관총에 둘러싸여 있었던 일도 기억한다. 경찰관이나 청년단이 마을 사람들을 고문하고 학대하는 일이 일상다반사였다는 것도 안다. 마을 사람들끼리 서로 의심하고 미워하고 욕한 일도 기억한다.[5]

이처럼 고모가 내게 들려준 이야기, 즉 고기를 잡거나 채소를 기르는 '한국' 생활과는 반대로 참혹한 일이 있을 때, 고모는 행복했던 기억만 선택해 이야기했는지도 모른다. 두려운 곳으로 변해 버린 제주도에 언니들과 함께 남겨진 경험도 '즐거운 곳이었어!' 하면 납득할 수 있다. 또는 고모가 자신의 어머니, 즉 할머니가 제주도에 딸을 남겨 두고 떠난 이유라고 설명해 준 내용을 그대로 받아들였는지도 모른다.

진실이 무엇인지 나는 알 수 없다. 어쩌면 고모 자신도 알지 못하는지 모른다.

일본으로
'밀항'

박정희 고모는 이야기를 이어 나갔다.

― 어떻게 일본으로 왔는지 기억하세요?

이유는 몰라. 배를 탈 때까지 내가 떼를 썼어. 한국에 있겠다고 말이야. 왜 한국에 있겠다고 했느냐면, 우리 어머니가 거기에 몇 년인가 살면서 열심히 일했거든. 보리랑 조랑 쌀이랑, 그 뭐냐, 농작물이라고 하지? 그런 걸 많이 키웠어. 그걸 두고 떠나는 게 싫었어. 내가 다 갖고 싶었으니까.

소학교 6학년을 졸업한 나이니까 아깝다는 생각이 들었지. 어머니는 함께 가야만 한다고 타일렀어. 할아버지 식구들도 다 일본에 갔다고 말이야. 배까지 태웠는데도 가기 싫다고 발버둥을 쳤어.

― 그러셨어요?

배까지 태웠는데 그랬어. 조천면이란 곳에서 배를 탔는데 싫다고 떼쓰면서 다음에 가겠다고 울고불고했어.

― 그때 무슨 계절이었어요? 언제쯤이었어요?

계절……

— 추웠는지, 더웠는지?

덥지는 않았어. 가을쯤이었나 보다. 가을이었어. 내 위로 언니 (박난희 고모)가 있었어. 너도 알지?

— 예.

지금도 [제주에] 있어, 아들들이 말이야. 아 참, 그 언니는 아주 아주 일찍 결혼시켰거든.

— 제주도로 돌아갔을 때요?

네 할머니가 그렇게 하셨어.

— 고모가 제주도에 돌아간 이후에 금방 결혼하신 거예요?

금방인지는 잘 모르겠어. 몇 년 있다가 그랬는지도 몰라. 아무튼 결혼을 일찍 시켰어, 우리 어머니가 말이야. 그 언니는 그곳에 살았지. 그러니까 난 그곳에 언니도 있고 작은어머니도 있었던 셈이야. 여하튼 열매 열리는 걸 보는 게 즐거웠으니까. 일본인지 나발인지 가기 싫다고, 어린 마음에 떼를 썼지. **(위와 동일)**

그때 고모는 몇 년쯤 작은어머니 집에 살았다. 그렇지만 그 후 고모는 몇 번이나 어머니가 불러들이는 바람에 일본으로 '밀항'을 시도했다. 좀 긴 편이지만 그대로 인용하겠다.

그런데 몇 번이나 우리 어머니가 일찍 불러들였는데 그러면 안 되었어. 붙잡혔거든. 나도 밀항으로……

— 한 번뿐이었어요? 붙잡힌 일이요.

두 번쯤 붙잡혔어. 쓰시마(対馬)라는 곳에서! 여기서 기다리라고 하더라고. 여름이었어. 오무라 수용소라는 곳이 있어. 하카타(博多) 쪽에…… 알고 있니?

— 이름은 들어 본 적 있어요.

수용소가 있었어. 잡히면 그곳에 갇힌단다. 나도 거기에 들어간 적이 있지. 두 번쯤……

— 두 번쯤……

그래, 두 번인 것 같아. 한 번 아니면 두 번이야. 성규가 학생일 때 학생 할인이면 표가 싸니까 내가 있는 곳으로 면회를 왔어. 우리 어머니가 옷가지며 뭐며 들려서 보낸 거야. 그곳에서 팔아서 빨리 나오라고, 어머니가 성규에게 바리바리 들려서 보낸 거야.

두 번쯤 걸렸는데 세 번째…… 세 번째에 제일 큰오빠가…… 뭐, 지금은 벌써 죽어 버린 사람이구나, 또다시 찾으러 왔어. 큰오빠가 데리러 온 거야, 나를! 쓰시마까지……

— 쓰시마까지 오셨다고요?

왔지. 쓰시마에 숨어 있으라고 하더라고. 데리러 오는 사람이 있었는데 밀항만 전문으로 주선하는 아줌마였어. 여기서 내리라고 했는데, 한 번인가 두 번, 참지 못하고 그 전에 그만 내려 버렸어.

그런데 붙잡혔지, 뭐야. 그곳에 숨어 있었더라면 제대로 잘 도착했겠지만, 날은 얼마나 덥고 목은 얼마나 마르던지, 그만 못 참고 내렸더니 바로 잡혔어. 무척이나 혼났단다, 왜 그렇게 참을성이 없느냐고 말이야.

— 그 아줌마에게 말이죠?

그 아줌마가 그랬지. 두 번째인가 세 번째인가 잘 모르겠는데 한국에서 일본으로 오는 사람은, 그러니까 좀 뭐라 할까, 시골뜨기 같은 태가 전혀 나지 않아. 좋은 옷을 사 들고 와서 전부 갈아입거든.

큰오빠와 함께였는데, 그때는 지금처럼 신칸센 열차가 없었어. 이틀인가 사흘쯤 내리 탔어. 전차인지 기차인지 모르겠는데, 칙칙폭폭 칙칙폭폭, 이틀쯤 달려서 도착했어. **(위와 동일)**

고모는 밀항 브로커인 여성의 안내로 배를 타고 우선 제주도에서 부산으로 갔다가 부산에서 다시 쓰시마로 건너왔다. 그리고 쓰시마의 산속 어딘가에 숨어 있으라는 말을 들었지만, 날이 덥고 목이 말라 마실 것을 찾으러 밖으로 나왔다가 발각되어 붙잡혔다. 아마도 고모는 브로커가 사다 주었을 좋은 옷으로 갈아입고 있었던 듯싶다.

고모가 밀항을 시도했다고 추정되는 시점인 1950년 즈음, 추측하건대 밀항 알선비로 브로커에게 1인당 2만~4만 엔을 치른 것으로 여겨진다(당시 대졸 신입사원의 초임이 3000~5000엔이었다).[6]

오무라 수용소에서의
추억

고모가 붙잡혀 보내진 곳은 나가사키현(長崎縣) 오무라시(大村市)에 있는 오무라 수용소였다. 오무라입국관리센터(법무성 입국자 수용소 오무라입국관리센터)의 전신에 해당한다. 이곳은 GHQ*의 지령에 따라 1950년 10월 하리오(針尾) 수용소로 출발했다.

　— 수용소 생활은 어떠셨어요?

먹을 것이 참 많았어.

　— 그랬어요?

시장기가 돌아 밥 먹을 때가 되면 퍽 재미있었어.

　— 재미있었다고요?

뭐, 재미있다고 할까. 이 방의 몇십 배나 되었지. 저 끝에서 이 끝으로 다니면서 사람들이랑 이야기했어. 먹을 것도 그득했지. 그때는 그렇게 배가 고프지 않았어. 고봉밥으로 주었어. 지금도 기억해.

　— 그러면 뭐랄까요, 다양한 사람들과 커다란 방에 함께 있었

---

*　GHQ는 1945년 10월 2일부터 1952년 4월 28일까지 일본에 주둔한 연합국 사령부를 말한다.

다는 말씀인가요?

맞아, 그랬지. 여자는 여자들 방이 있었고, 남자는 남자들 방이 따로 있었어. 그런데 다들 하나같이 한국을 떠나 이리로 오다가 잡혀 들어온 사람들이잖아. 이 고모랑 비슷한 사람들이니까 이런저런 이야기를 하는 거야. 여기까지 어떻게 왔느냐? 이렇게 왔다! 얘기 꽃이 피어나지. 힘들지도 않고 답답하지도 않았어. (위와 동일)

오무라 수용소에 대해서 고모는 이렇게도 이야기했다.

말이 형무소지, 얼마나 좋았는지 몰라. 다들 이런 다다미 위에 앉아서 놀았어. 그 뭐냐, 어딘가에 갇혀 있다는 생각은 조금도 들지 않았지. 밥도 배불리 실컷 먹을 수 있고 말이야. 눈곱만큼도 고생하지 않았어. 그때는 어렸잖니. 얼른 부모님 곁으로 가고 싶다는 생각밖에는 없었어.

[제주도로] 돌려보냈는데도 또 가는 거야. 난 두 번 잡혔어. 불효한 셈이지. 어느 역에서 아줌마랑 걷고 있는데 붙잡혔어. 그래서 또 돌려보내졌고. (위와 동일)

'저, 고모님, 그래도 수용소였으니까 갇혀 있던 셈이잖아요, 그런데 어째서……' 머릿속에서는 이렇게 따져 묻고 있었다. 그 밖에도 따져 묻고 싶은 것이 모래알처럼 많았다.

오무라 수용소는 "구 일본 제국 시대 일본 정부의 모습을 볼 수 있는 곳이라고 해도 과언이 아니다. 일본의 전후에도 그곳에는 평화헌법의 그림자가 없다"[7]고 비판받았다. 처우 개선을 요구한 피수용자에 대해 직원이 종종 "피로 피를 씻어 내는 탄압"[8]을 가했다고 알려진 곳이다. 일찍이 "나치 강제수용소의 '동양판'으로서 온갖 비인간적인 억압과 학대 행위를 자행했다"[9]고도 한다.

그런 곳을 고모는 "퍽 재미있고 얼마나 좋은 곳이었는지 모른다"고 이야기한다.

고모는 거짓 없는 마음으로 그곳의 생활이 즐거웠을 것이다. 널찍한 다다미방에서 비슷한 세대의 여성들과 서로 어떻게 해서 현재의 처지에 놓였는지 자신들의 이력을 털어놓는다. 수용소에 오기까지 비슷한 과정을 겪었을 테니까 이야기가 잘 통한다. 아무 일을 하지 않아도 식사가 나온다. 방에서 놀 때도 있다. 고모는 당시 열다섯 살쯤 되지 않았을까.

그러나 고모가 오무라 수용소에서 즐겁게 지내던 시기에 오무라 수용소에 갇힌 사람들은 항의 활동을 벌이고 있었다. 『오무라 입국자 수용소 20년사(大村入国者収容所二十年史)』에 따르면, 1951년 2월 수용소 안에서는 소요 사건이 일어났고 7월에는 항의 집회가 열렸다. 1952년 5월에는 피수용자 50명이 처우 개선을 요구하며 시위를 벌였고, 6월에는 시위 참가자가 150명으로 늘었다.

오무라 수용소에서 피수용자의 처우 개선을 요구하는 항의 집회와 시위가 벌어졌던 사실과 똑같은 장소를 "퍽 재미있고 얼마나 좋은 곳이었는지 모른다"고 말한 고모의 증언이 둘다 사실이라면, 두 사실은 각각은 어떤 의미에서 '사실'인 것일까? 여기서 우리는 무엇을 알 수 있는가?

어쩌면 아주 단순할지 모른다. 즉 다른 수용자에게는 집회와 시위를 벌일 수밖에 없을 만큼 혹독한 환경이었지만, 고모에게는 퍽 재미있고 좋은 환경일 따름이었을 수 있다. 그 이전의 제주도 생활과 비교해 퍽 재미있고 좋은 곳이었는지도 모르고, 그 이후의 오사카 생활과 비교해 퍽 재미있고 좋은 곳이었는지도 모른다.

고모가 입 밖에 내지 않았다고 해서 신촌리 주민들이 위험한 일을 당하지 않았다고는 결코 말할 수 없듯, 고모에게 퍽 재미있고 좋았다고 해서 오무라 수용소가 누구에게나 퍽 재미있고 좋은 곳이었다고는 결코 말할 수 없다. 서로 증오하는 가운데 이유도 모른 채 살해당할지도 모르는 신촌리보다는 밀항자끼리 비슷한 체험을 나눌 수 있는 수용소가 훨씬 나았을 것이다. 단지 그뿐일지도 모른다.

노름, 결혼, 일

고모가 오사카로 옮겨 온 시점은 1953년 무렵이었던 듯하다.
1952년 9월 출생인 우리 아버지가 그때 갓난아기였다고 들
었기 때문이다.

— 우리 아버지 말인데요. 고모가 일본에 오셨을 때 아버지는
이미 태어나셨던가요?
그렇지, 태어났지. 벽장 구석에 잠들어 있었어. 벽장 안에 말이
야.
— 벽장 안이라고요?
그래, 벽장 안에 이불을 깔고 눕혀 놓았더라. 자영업이었으니까
일이 있을 때는 다들 일을 나가야 했어. 큰오빠는 이렇게 말했
어. 너희들을 위해서 내가 얼마나 뼈 빠지게 일을 해야 했는지
아느냐고. 공부는 할 엄두가 안 났다고. 제일 윗사람이었지, 열
명이나 되는 형제 중에 말이야.
우리 큰오빠는 머리가 나쁘지 않았어. 머리 나쁜 걸로 말하면 원
규하고 작은오빠(박인규)하고…… 그리고 나 정도였지. 요시카
즈(아버지의 통칭명*)는 내가 왔을 때 갓 태어난 아기였는데 그렇

---

* 재일코리안들이 이름으로 인한 차별을 피하기 위해 사용하는 일본풍의
   이름을 가리킨다. 예전에는 일본의 행정 당국이 외국인 등록 시 병기하
   게 했으나 현재는 병기하지 않고 민족명을 사용하는 수가 늘고 있다.

게 크지 않았어. 벽장 안에, 뭐냐, 이불 개서 넣어 두는 곳에다가 재웠어. 밟히면 안 되니까 말이야.

— 아, 그래서 벽장이었군요. 그러면 할머니는 온갖 집안일을 하셨고요?

가시메(금속판끼리 서로 접합하는 작업)라는 기계가 있는데, 집 안에 있었어. 삼륜차 탈 때 앉는 안장이 있는데, 보기에는 그래도 덜커덕덜커덕 잘 돌아갔어. 한가운데에 두고 덜커덕덜커덕 페달을 밟으면 돌아가. 그게 가시메야. 큰오빠는 일하라고 우릴 재촉했어. "눈으로 보고도 모르는데, 물어본다고 알겠어?" 하면서 엄하게 굴었어. 우리 큰오빠는 지독하게 엄했지. 나한테도 그랬어.

그런 소리를 들어 가면서 일을 했는데, 우리 큰오빠도 그렇게 했어. 제일 위였으니까. 다 먹여 살려야 하니까 일할 수밖에 없었지. 그러니까 고생했다고 하는 거야. 참 고생이 심했지. 내 눈으로 봤어. (2008년 12월 10일)

밀항자가 되어 일본으로 건너온 고모는 바깥에서 일할 수 없었다. 고모가 외국인 등록증을 발급받은 것은 이연규 고모부와 결혼한 다음이다. 두 분이 결혼했을 때 고모는 스무 살이었다. 그때까지 1년 이상 외국인 등록증이 없었다는 말이 된다. 그 1년 동안 고모는 부모님과 같이 살았다.

그런데 말이지, 네 할아버지, 그러니까 우리 아버지는 노름 좋아했는데, 알고 있었니?

— 일본에 온 다음에요?

응, 응, 그렇지. 어딜 가도 노름을 좋아했어.

— 아, 한국에서도 노름했어요?

노름이야 어디서든 얼마든지 할 수 있잖니. 여기에서도 그렇고 말이야. 난 똑똑히 다 기억한단다. 여기서 그렇게 열심히 뼈 빠지게 모은 돈이었는데. 다들 일해야 하니까 자리를 비울 수 없잖니. 그래서 할아버지한테 [수금하러] 가시라고 했어. 그 돈으로 노름하셨지. 판돈으로 쓰신 거야. 집에 먹을 것이 없으니까, 우리는 빨리 맛있는 것을, 한 번쯤은 좋은 음식을 먹을 수 있겠지 하고 목을 빼고 기다리고 있는데 말이야.

나바리라고 있는데, 나바리, 아니?

— 몰라요. **나바리**[미에현(三重県) 나바리시(名張市)]요?

다카야스[오사카부(大阪府) 야오시(八尾市) 야마모토 다카야스초(山本高安町)] 맞은편 쪽으로 가면 있어. 다카야스(高安) 쪽인데, 다카야스는 아니?

— 다카야스는 알아요. 나바리는 글쎄요.

다카야스 쪽에 나바리라고 있어. 거기가 종점일 거야. 그곳에 가면, 그때는 옷이든 뭐든 다…… 추울 때는 코트도 입고 있잖니. 그때는 입을 것도 비쌌어. 노름하는 곳에서 그걸 전부…… 옷을 벗을 테니 돈을 빌려 달라고 하는 거야. 자기 돈, 그러니까 수금한 돈은 모조리 써 버리고 말이야. 가 보면 팬티 하나 걸치고 노름을 하는 거야. 죽어도 그만둘 수 없는 게지. 우리 어머니도 죽어 버리겠다고 했어. 이렇게 아무것도 남기지 않으면 자식들과 먹고 살아갈 길이 없으니까 죽어 버리겠다고 말이야. 철길 있는 곳에 자주 어머니에게 붙들려 끌려갔어. 죽어 버리자고 하시면서, 선로에 있다가 열차에 치여 죽자고……

그러면 어린 마음에도 무서우니까 집에 가고 싶다고 엉엉 울었지. 집에 와 보면 할아버지는 팬티 한 장만 걸치고 벌거벗고 있어. 집에 와도 물론 돈은 없지. 그렇게 되니까 작은오빠(박인규)가 더는 참지 못하고 할아버지를 때렸던 모양이야.

— 셋손 큰아버지가요?

그래, 맞아. 부모도 아니고 뭣도 아니고 나쁜 놈이라고 했어. 그 일 때문에 둘은 죽을 때까지 원수가 되었지.

— 셋손 큰아버지와 할아버지가요?

그렇다니까. 그놈(셋손)이 나한테 손찌검을 했다고 그랬어. 당신이 그런 짓을 했으니까 못 참고 그런 건데 말이야. 그래도 부모한테 그런 짓을 한 놈이라고…… (위와 동일)

고모가 이야기를 풀어 나가는 방식에는 조금도 그늘진 곳이 없다. 나는 진지하게 이야기를 들으려고 하지만 나도 모르게 자꾸 웃음이 나온다. 그렇지만 잠시만 상상해 보더라도 고모가 들려준 이야기는 웃을 일이 아니다. 할아버지는 무슨 생각으로 노름하느라고 돈을 다 써 버렸을까. 당신을 때린 차남을 끝까지 용서할 수 없었던 할아버지는 매를 맞은 자신을 용서할 수 있었을까.

고모는 스무 살에 결혼해 집을 떠났다.

— 그건(결혼은) 몇 년경이었어요?

잊어버렸어. 그렇지만 이 아저씨(이연규 고모부)가 얘기한 양복점 있잖아. 그 양복점 아들이 성규와 동급생이야.

그래서 성규가 그 집에서 신세를 많이 졌어. 성규는 힘이 셌지. 싸움이든 뭐든 셌으니까. 그 덕분에 내가 [이연규 고모부와] 결혼한 거야. 서금리(西今里) 중학교라고, 저쪽 금리(今里)에 조선학교가 있는데, 조선학교라고는 해도 일본인 선생이 가르치던 조선학교였어. 그곳에서 성규가 축구를 일등으로 잘했지. 별명이 인디언이었단다. 성규 피부가 좀 가무스름하잖니. 성규는 축구도 제일 잘하지, 싸움도 잘하지, 참 야무졌어.

그런데 양복집 아주머니가 이 사람(이연규 고모부)에게는 공부를 좀 가르쳐 달라 하고, 성규에게는 학교에서 애들이 자기 애를 괴롭히면 도와 달라고 하더니, 밥을 먹여 준 거야. 우리 어머니는 자식이 많으니까 찢어지게 가난하잖아.

그 집은 돈이 많으니까 옷도 주고 용돈도 주고, 아주 고맙지 뭐냐. 그 집에서 처자가 있다고 소개해서 내가 결혼한 거야. 난 그때 음전한 성격이 아니었어. 내가 좀 기가 센 성격이니까 우리 어머니가 점잖은 사람이 좋겠다고 한 거야.

— 그래서 결혼하셨다는 거군요.

이 양반과 결혼하고 나서 여하튼 감독이 되고 싶다고 했어. 일꾼 부리는 사람 말이야. 시골이니까 당시에는 여자애들이 다들 일을 찾아 오사카로 왔어. 그런 아이들을 다 받아 주었어. 옷뿐만이 아니야. 수영복부터 코르덴(코듀로이) 바지까지, 옷 가게지만 재봉틀을 돌렸어. 옷을 만든 거지.

그때 내가 면허증을 땄어. 다들 날 다시 보더라고. 우와 감탄하면서 멋있다고들 했어. 그때는 아직 젊기도 하고 고왔으니까. 다카시야마 백화점이라든지 한큐 백화점이라든지, 전부 우리가 납품했어.

내가 직접 그런 곳을 찾아가면, "어머나, 오노(통칭명) 부인, 아름다우시네요" 하는 소리를 자주 들었어. 잘 차려입고 선글라스 끼고 빨간 자동차를 타고 갔단다. 그런데 가끔 이 양반을 데리고 가면 아버님과 같이 왔느냐는 소리를 들었지. (웃음) 뭐, 내 입으로 이런 말은 좀 그렇지만, 난 누구에게든 지고는 못 사는 성격이야. 뭐든 열심히 노력하긴 했어. (2008년 11월 30일)

결혼하고 나서 고모는 옷을 재봉하고 재단하는 사업에 종사했다. 법무성의 조사에 따르면 1960년 기준 재일조선인 총수는 60만 7533명이었고(남자 33만 5456명, 여자 27만 2077명), 그중 재봉과 재단에 종사한 사람은 2037명이었다(남자 1294

명, 여자 743명).

이 일이 당시 재일조선인의 대표적인 직업은 아니었다. 재일조선인 취업자 수가 많은 직업을 순서대로 나열하면, 단순 노동자(2만 6090명), 건설업 종사자(1만 8166명), 고물·고철 판매 종사자(1만 3780명) 순이다.

한편, 오사카의 재일조선인 인구는 13만 3069명(남자 7만 1573명, 여자 6만 1496명)이고, 그중 옷의 재봉과 재단에 종사하는 사람은 1043명(남자 678명, 여자 365명)이다. 조선인 재봉 재단 종사자 수를 보면 오사카가 전국의 절반을 웃돈다는 것을 알 수 있다. 덧붙여 오사카에서 취업자 수가 많은 직업은 생산 공정 종사자(3만 3335명), 단순노동자(2849명), 건설업 종사자(1947명) 순이다.[10]

고모가 선택한 직업은 오사카의 재일조선인 중에서는 특이했다고 할 수 있는지도 모른다.

말이 공장이지 집보다 약간 더 넓은 곳인데, 뭐 크긴 크지. 1층이 살림집이야. 2층도 넓어. 거기에 재봉틀을 놓고 한쪽에서는 재단을 하고……
— 몇 명쯤 고용했어요? 옷 공장에요.
꽤 몰려왔어. 몇 명이나 될까, 열 명은 있었어. 이만한 받침대가 있어. 그러면 재봉틀을 거기에 놓고 재봉 일을 하는 거야. 옷 한 벌 만들려면 시다바리라는 사람이 있어야 해. 손으로 시침질도 해야 하고, 해야 할 일이 많단다. 다림질도 해야 하고 말이야. 게다가 1밀리만 잘못돼도 전부 반품이 들어와.

결혼하고 나서 옷 만드는 일을 시작했어. 이 양반이 원래 양복점에서 일하고 있었으니까. 이 양반 덕분에 옷 만드는 일을 시작한 셈이지. 그래도 지금 와서 생각해 보면 이 양반도 무지하게 칠칠치 못하고 기가 무르기도 하지. 자기가 하려고 생각한 것(일거리)을 남이 채 가면 말이다, 나 같으면 당장 따지고 난리를 칠 텐데, 상대를 밀쳐 내고라도 도로 찾아올 텐데…… 안 그러냐? 다들 성공해서 떼부자가 되더라만……

— 그러니까 공장을 운영할 때 고모와 고모부가 거기 공장에서 함께 일하셨단 말인가요?

함께 일했지. 나는 그러니까…… 양복 만드는 일은 한 곳에서 전부 할 수 없어. 마무리 작업이라고 해서 바느질도 해야 하고 단추도 달아야 하고, 다 만들면 배달도 해야 해. 또 그걸 가져다가 끝내기 작업이라고 해서 다림질만 전문으로 하는 곳이 있어. 그리로 가져갔다가 다시 가져와서 죄다 옷걸이에 걸어 놓고 매무새를 다듬어야 하지. 그렇게 말끔하게 매만져 놓았는데 1밀리라도 틀리면 반품이 들어오는 거야.

— 그러면 고모가 계셨던 곳에서는 마무리 작업으로 만들 것은 만들고, 또 매무새 만져서 완성하는 일을 전부 했다는 말씀인가요?

그렇지. 일이 얼마나 많았는지 모른다. (2008년 12월 10일)

자식 다섯을 키운다고 생각해 봐라. 큰일이지 않니? 난 아기를 둘러업고 다림질을 했단다. 그뿐이냐. 잠도 못 자. 잠을 자면 납품을 할 수 없으니까. 이만큼 옷이 쌓여 있는데, 언제 언제 납품하라고 하니 그럴 수밖에. '오르비'라는 잠 깨는 약이 있었는데, 졸리면 약국에 가서 그걸 마시고 일했어. 몸은 돌볼 겨를이 없었지.

그렇게 기를 써서 납품하면 돈을 벌 수 있다고 계산했던 거지. 그렇게 욕심을 부려서 평생 죽도록 일해 왔어. 내가 허풍 떠는 게 아니라 다른 사람보다 세 배는 더 일했을 거야. (2008년 11월 30일)

신낙원과
실크로드

그러나 옷 공장은 이연규 고모부가 담뱃불을 제대로 끄지 않는 바람에 홀라당 타 버렸다. 고모는 공장 일을 접고 곧장 불고기 식당 일을 시작했고, 그다음에는 다방을 열었다.

불고기 식당 이름은 '신낙원(新樂園)', 다방 이름은 '실크로드'였다.

[신낙원은] 4, 5년밖에 하지 않았어. 그때 나가세(長瀬)의 '실크로드'라는 다방이 있다는 이야기를 들었지. 우리 식당에 불고기

먹으러 온 손님이 하는 얘기를 슬쩍 들은 것 같아. 나가세의 대학 거리[긴테쓰 오사카선 나가세역부터 긴키(近畿) 대학 히가시오사카 캠퍼스까지 이어진 거리]에 가게가 나와 있다니까, 이 고모가 재빨리 가로챈 거야. 그러면 안 되는데 하면서도…… 다방 실크로드는 그렇게 시작했어. (위와 동일)

아르바이트생이 많았어. 대학생이 개미 떼처럼 교대로 들어왔다 나갔다 했지 뭐니. 어쨌든 뭐, 그때는 재미가 쏠쏠했어. 그렇지만 세월을 이길 수는 없었지. 주인집 아주머니가 예순 좀 넘으면서 다 걷어치웠어.

— 그러면 고모가 주로 한 일은요? 카운터 보셨어요?

카운터에 앉아 있을 때도 있지만 손님 오면 여기 앉아라 저기 앉아라 안내도 하고, 다들 그렇게 해야 했어. 한꺼번에 손님들이 몰려오면 말이야.

— 자리 안내하고 요리하거나 커피 끓이셨어요?

그런 일도 했지. 그리고 미요코(박난희 고모의 통칭명) 고모가 한국에서 도와주러 와 있었어.

— 아, 그랬어요? 한국에서요?

돈 벌러 온 거지. (2008년 12월 10일)

조각난
이야기

박정희 고모와 이연규 고모부의 관계에는 미묘한 데가 있다. 다음과 같은 이야기를 처음 듣고, 나는 그만 웃어 버리고 말았다.

그런데 말이다. 이 양반은 기가 약해. 자기가 하려고 한 일을 누가 가로채도, 에그…… 내 성질 같으면 당장 따지고 들고도 남지. 밀어붙여서라도 해내고 말 거야. 공부는 중도에 흐지부지했지만. 이 양반하고 같이 일했던 사람들은 전부 성공해서 큰돈 벌어 부자 됐는데, 우리만 이 모양이야.

— 그렇군요.

이 고모는 말이다. 젊었을 때 고모부를 좋아하지 않았어. 고모부도 나한테 아주 차가웠지. 그게 지금도 화가 나는 이유야.

— 에구!

결국 다툼이 끊이지 않고 집안이 시끄러워서 헤어질 지경에 이르렀단 말이지. 그래도 난 말로만 헤어지자고 하는 거겠지 싶었어. 그런데 진짜로 헤어지자고 하더라고. 구청에 가서 도장만 찍으면 끝나는 거잖아. 나더러 서류 다 써서 구청으로 오라고 하더라. 정말이지 속이 얼마나 부글부글 끓어올랐는지 몰라. 그래서 옷을 모조리 찢어 버렸지. 윗도리를 전부 갈기갈기 찢어 버렸어. 벌거벗은 셈이었지. 물론 속옷은 입었지만 말이야.

— 어머나, 하하하! (2008년 11월 30일)

이런 상태를 가리켜 연애 감정이라고 부를 수 있는지 잘 모르겠다.

이런 일 말고도 고모의 이야기를 듣노라면 이해하기 어려운 점이 있었는데, 거기에는 몇 가지 이유가 있다. 우선 얘기가 볶는 콩 튀듯 여기저기로 마구 튀기 십상이고 시간순으로 이어지지도 않는다. 예를 들면 이런 식이다.

우리 언니(박난희 고모)는 나보다 두 살(실은 세 살) 많은데, 학교라고는 하루도 다닌 적이 없어, 우리 어머니가 그저…… 나한테는 학교에 가라, 가라, 걸리적거리고 시끄럽기만 하다고.

그래도 우리 어머니는 나한테만…… 지금 생각해 보면 대놓고 차별하신 셈인데, 나한테만 잘해 주셨어. 영화를 보든 무슨 일을 하든, 가끔이긴 해도, 아주 어렸을 적 얘기야, 어딘가 놀러 갈 때도 나만 데리고 가셨어. 왜 나만 데려가셨는지 모를 일이야.

— 그러셨군요.

우리 언니는 하녀야. 하녀 대신인 거지. 제일 위는 그런 법이야.

— 가혹하네요.

말도 못 하게 가혹하지. 저 못생긴 호박은 누굴 닮아서 저러느냐고, 그런 말도 서슴지 않아. 같은 자기 자식인데 차별하는 거야. 우리 언니는 애 보기였어. 성규 어릴 때부터 계속 애들을 보살폈어. 줄곧 애들만 본 거야.

여기(등) 있잖아. 옛날에는 기저귀 같은 것이 없었어. 기저귀를 채우지 않았지. 이걸 갓난애라고 하면, 보자, 이게 갓난애라면 기저귀는 말이지…… 자, 이게 갓난애야, 여기가 머리라고 하면, 여기를 이렇게 하고, 이렇게 하는 거야.

— 아하, 그럼 엉덩이를 내놓고요?

엉덩이 내놓고 그냥 싸게 하는 거야. 그런 게 우리 식……

— 그렇군요. 그럼 애를 업고 있으면 다 묻고 젖고 하겠네요.

등에 다 묻으니까, 우리 언니가 뭐라고 했는지 지금도 다 기억해. 자기 등은 오줌 범벅이라 새까매졌다고 했어. 더러워져서 그런 거라고 말이야. 우리 언니는 남보다 특별히 살갗이 까맸거든. 우리 형제 중에서도 유난히 그랬어. 여자들은 그렇게까지 까맣지 않잖아, 요즘 사람들은 더욱 말이다.

— 그렇긴 그렇지요.

보통은 그렇지. 그런데 우리 언니는 남자들, 우리 남자 형제들보다 까맣다고 할 만큼 정말 까맸어. 못생기기도 했고 말이야. 굳이 말하자면 못생긴 편이었지. 그런 데다가 애들 오줌을 받아냈으니 등 언저리가 언제나 까칠까칠했어. 언제나 애 보기만 시키니까 이렇게 되었다고 나한테 그러더라고.

그런데 우리 어머니가 나한테는 학교에 가라 가라 하셨는데, 언니는 자기가 학교에 가겠다 가겠다 해도 보내지 않았어. 일만 시키고 말이야. 그래도 언니는 굽히지 않고 공부했어. 스스로 알아서 한 거야. 숨어서 몰래 하더라고.

— 고모가요?

우리 언니, 숨어서 공부했어. 촌구석이지만 뭐든지 일등이었어. 뭐더라? 반장도 했어. 부인회 회장인가? 왜 그 높은 자리 있잖니. 여하튼 아무나 못 하는 일을 했단다. 하루도 공부시킨 적이 없었는데도 말이야. 편지도 얼마나 잘 쓴다고.

— 아, 그런 분이시군요. 글도 쓰고 읽을 줄 아시고요.

얼마나 대단하다고. 깜짝 놀랄걸. 그렇게 일을 하면서도 그랬어. 일을 안 하면 혼나. 나는 [학교에] 가라 가라 하는데도 안 가려고 했다고, 우리 어머니가 말했었지.

그런데 실크로드 운영할 때 우리 어머니가 와 있었거든. 그때 마침 손님들이 우르르 몰려온 거야. 긴키 대학 다니는 학생들이었지. 우리 어머니가 나한테 계산할 줄은 아느냐고 묻더구나. 계산 정도는 할 수 있다고 대답했지. 그랬더니 그것만 할 줄 알아도 다행이라고, "그렇게 공부하라고 성화해도 하지 않더니 그래도 계산은 할 수 있구나", 그러시더라고. 계산이야 할 줄 알고말고. 그러니까 카운터를 봤지. (2008년 12월 10일)

이 이야기 안에서 고모는 적어도 세 가지 다른 시간대를 넘나들고 있다. 다시 말해 전쟁 전 오사카에 살던 때(박정희 고모가 학교에 다닌 시기는 그때밖에 없다), 제주도에서 살던 때, 그리고 1970년대 고모가 다방을 경영할 때가 그것이다. 여러 시기에 걸쳐 매우 인상적인 이야기들이 한꺼번에 쏟아져 나온다.

같은 이야기를 반복할 때도 적지 않다. 다만 반복할 때 줄거리는 비슷하지만 다른 정보를 덧붙일 때가 있다.

무엇보다 고모의 이야기는 역사적 사건과 관련짓기 어렵다. 고모는 어쩌면 역사적 사건과 관련지어 자신의 체험을 이해하고 있지 않을지도 모른다.

고모와 마찬가지로 밀항한 여성으로서 일거리를 찾거나 일을 계속하기 어렵다고 느낀 사람 중에는 듣는 이가 좀 더 이해하기 쉽게 설명해 주는 사람도 있다. 일정한 개념이나 어휘를 사용해 "나는 밀항자라서 외국인 등록증이 없으니까 이런 일거리밖에 찾지 못했습니다" 하는 식으로 말이다. 그러나 박정희 고모는 그렇지 않았다.

개인의 체험에서
역사적 사실을 읽는다는 것

어떤 사람이 자신의 체험을 내가 아는 역사적 사건과 관련지어 이야기해 줄 때, 나는 종종 역사적 맥락을 통해 그 사람의 개인적 체험을 이해할 수 있다고 느낀다. 그런 의미에서 박정희 고모의 이야기를 들을 때는 늘 이해할 수 없다는 생각에 사로잡힌다.

누군가의 생활사를 듣고 무언가를 이해한다는 것은 어떤 일일까? 무언가를 이해했다는 느낌이 들 때도 있고 그렇지 못할 때도 있다. 그것은 때때로 어떤 질문을 품고 인터뷰에 나서느냐에 달려 있다.

고모와 인터뷰를 시작할 때 나는 할아버지가 흐느낀 때가 언제였는지, 고모는 왜 일본에 (다시) 왔는지, 일본에 온 다음 어떻게 살았는지에 대한 답변을 듣고 싶었다. 다행히 이런 물음에 대한 대답은 얻어 낸 셈이다.

하지만 오랫동안, 고모가 들려준 이야기를 어떻게 이해하면 좋을지 도통 감을 잡을 수 없었다. 고모의 이야기는 지나치게 개인적이라 다른 사건과 연관을 짓기 어려웠기 때문이다. 고모의 인터뷰를 인용하더라도 선행 연구와 어떤 관계가 있는지 찾기 어려웠다.

그러나 한편으로는 이렇게 관계를 맺을 수 없기에, 아니 이렇게 어떤 관계인지 찾아내기 어렵기 때문에 도리어 역사적 사실이라고 할 수 있지 않을까 생각한다. 다시 말해 4·3 사건을 '4·3 사건'으로 이야기하지 않는 것, 오무라 수용소에 갇혀 있었을 때 엄연히 탄압과 항의 행동이 있었음에도 '퍽 재미있고 좋은 곳'으로 떠올리는 것 자체를 통해 나는 일정하게 정보를 끌어낼 수 있었다.

4·3 사건을 이야기할 수 없는 것은 고모 개인의 특징(괴로

운 기억이나 나쁜 추억을 이야기하려 들지 않는 태도)이기도 하지만, 어쩌면 4·3 사건의 심각함을 은연중 드러내 주는지도 모른다. 오무라 수용소가 퍽 재미있고 좋은 곳이었다는 언급을 통해 고모가 그때까지 어떻게 살았고 그 후 생활이 어떠했는지 그려 볼 수 있을지도 모르기 때문이다.

이러한 모습으로 오직 혼자서 역사를 계속 떠안고 가는 이야기를 듣는다는 것이 어쩌면 생활사를 채록하는 일일지도 모른다.

그런 의미에서 박정희 고모는 배 위에서 조선인들과 살았던 나날, 제주도에서 즐겁기 짝이 없었던 나날, 오무라 수용소에서 퍽 재미있게 지내던 나날, 오사카에서 밤낮을 도박으로 지새는 아버지와 살았던 나날, 사장이 되고 싶어 남보다 세 배나 열심히 일했던 나날 등등, 이런 나날의 역사를 혼자 짊어지고 있다. 숨을 몰아쉬며 똑같은 이야기를 큰소리로 되풀이하고 또 되풀이하면서 말이다.

제4장

재일코리안 1세의
전형적인 삶
— 박성규 큰아버지

박성규 큰아버지는 무섭다. 뭐니 뭐니 해도 얼굴이 무섭게 생겼다. 목소리도 크고 입도 험하다.

우리 부모님이 결혼하기 전, 아버지가 엄마에게 형님을 소개하는 자리를 마련했을 때 엄마는 처음으로 박성규 큰아버지를 만났다. 그때 만나기로 한 약속 시간에 유턴 금지 도로에서 하얀 차가 과감하게 휙 유턴하더니 아버지와 엄마 앞에 멈추어 섰다. 차 문이 열리자 하얀 양복에 선글라스를 낀 남성과 등에 날아오르는 학 무늬가 그려진 보라색 하와이안 셔츠를 입은 남성이 차에서 내렸다.

매년 세 번쯤 있는 제삿날에 박성규 큰아버지는 언제나 친척들의 중심인물이었다. 제사를 지낼 때면 남자 어른들이 모여 술을 마시는 자리가 따로 있고, 여성과 아이 들이 모여 밥상을 차리거나 식사하거나 설거지하고 뒷정리하는 방이 있었다. 가끔씩 큰아버지는 아이들을 불러 학교 성적이 어떤지 물었다.

"요즘 학교 공부는 어떻게 하고 있어? 일등이냐?" 하는 식이다. "일등입니다"라고 대답하면 용돈을 주신다. 사실인지 아닌지는 알아보려 하지 않는다. 나는 대개 "일등입니다"라고 대답하고 돈을 받았다. 덧붙이자면 설날 차례를 지낼 때 세배를 올리면 세뱃돈을 더 얹어 주셨다.

아마도 초등학교 5학년쯤 되었을 때인데, 어느 사촌 형제의 결혼 피로연에서 박성규 큰아버지와 같은 테이블에 앉았다. 큰아버지는 늘 그렇듯 아버지나 다른 형제들과 담소를 나누었다. 그런데 무슨 바람이 불었는지 내 얘기로 화제를 돌렸다. 큰아버지는 언제나처럼 "야, 너희 애들, 공부 잘하고 있냐?" 하고 물었다. 아버지는 "그런대로 괜찮아요"라고 얼버무리려고 했으나, 큰아버지는 그냥 넘어가지 않고 "일등이냐?" 하고 캐물었다.

아버지는 "그럼요, 일등이죠" 하고 적당히 대답했는데, 내가 입바르게 "언제나 일등은 아니에요"라고 말해 버렸다. "시험 점수는 언제나 만점이지만 중학교 입시를 위해 학원에 다니거나 가정교사와 공부하는 동급생들도 있으니까요." 원래는 이렇게 설명해야 했지만 그 대신 나는 이런 식으로 말했다.

"저보다 머리 좋은 애들이 있으니까요. 저는 책 읽기를 좋아하는 대신 산수는 잘하는 편이 아니에요."

내 말투가 거슬렸는지(지금 돌이켜 보면 초등학생 때 내 말투는 좀 삐딱했다), 아니면 일등이 아니어서 성에 차지 않았는지, 큰아버지는 기분이 좀 상한 듯했다.

"음, 넌 입만 살았구나. 똑똑한 말만 내뱉는 것 같지만 진짜 중요한 일은 아무것도 할 줄 모르는 놈이야."

정확한 표현은 어땠는지 기억나지 않지만 대략 이런 식이었다. 그러자 아버지는 아버지대로 가만히 있지 않고, 그나마 말이라도 잘하는 게 어디냐고, 잘하는 것이 없는 것보다 낫지 않느냐고 대꾸했다. 나는 분하기도 하고 슬프기도 해서 울기 시작했다.

내가 울음을 터뜨리자 큰아버지는 내심 놀란 듯 뭐라고 말을 보탰지만 내 귀에는 들리지 않았다. 큰아버지 말씀이 정곡을 찔렀다는 생각이 들수록 적당하게 대꾸하지 못한 게 억울했다. 나는 피로연 자리에서 실컷 울고 나서도 화장실에 가서 또 울었다. 엄마와 고모가 따라와서 달랬지만 왜 울음을 터뜨렸는지 나는 설명하지 않았다.

그때 큰아버지 말씀은 별로 틀린 데가 없었다.

"진짜 중요한 일은 아무것도 할 줄 모르는 놈이야."

종종 떠오르는 그 말씀을 지금도 부정할 수 없다는 사실이 유감스러울 따름이다.

이런 일도 있고 해서 큰아버지께 인터뷰하러 가는 일은 솔직히 두려웠다. 잡아먹히지는 않을까? 아니, 그렇지는 않겠지. 그래도 위압적으로 나오시지는 않을까?

이런 심정으로 인터뷰를 하겠다고 연락을 드렸다. 두 번째 인터뷰였던가, 전철 역으로 마중 나왔을 때는 커다랗고 까만 자동차를 타고 선글라스를 끼고 나오셨다. 웬일인지 가슴께에 자수로 수놓은 스누피 그림이 박혀 있었다.

와카야마로
피란 가다

아버지가 떼어다 준 호적에 따르면 박성규 큰아버지는 1938년 1월 제주도 조천면 신촌리에서 태어났다. 그다음 해 일가는 고베시 후키아이구로 옮겨 왔고, 1942년에는 오사카부 후세시로 이사했다. 큰아버지는 후세시에 있는 소학교에 들어갔다.

소학교 2학년 겨울, 큰아버지는 가족과 함께 와카야마 어딘가로 소개,* 말하자면 피란을 갔다. 피란이라고는 해도 실상은 야반도주나 마찬가지였다. 왜냐하면 다음과 같은 사정이 있었기 때문이다.

너도 알지, 천황폐하라고, 저기 지나간다고 하면 고개를 들어서

---

* 2차 세계대전 때 일본 본토에서 공습이나 화재 따위에 대비하여 한곳에 집중한 주민이나 시설물을 지방으로 분산한 일을 가리킨다.

도 안 돼. 그런 시대였어. 전쟁이 일어나고 공습경보가 울릴 때 있잖니, 선생들이 참, 애들이 조금만 울어도 찰싹찰싹…… [때렸어]

공습경보가 울리면 그 시절에는 고빼 빵**을 받았어. 미국 빵 말이야. 비행기가 온다는 소문이 들리면 빵을 주면서 집에 가라, 돌아가, 들어가라 하고 집으로 돌려보냈어. 그러면 집으로 왔지. 벌써 [비행기가] 온다고 하면 방공호로 들어가야 했어. 두건 같은 걸 뒤집어쓰고 들어가곤 했지.

— 그러면 큰아버지도 그러셨어요?

아, 그랬지. 음, 그렇지. 그런 시절이었으니까, 나도 그랬지. 우리 둘째 형님이 나쁜 짓을 했어. 그러니까 뭐냐, 창고 털이 같은 짓을 저지른 거야. 창고 같은 곳에서 돈을 훔친 거지. 그러니 경찰이 잡으러 올 것 아니냐. 그래서 우리가 피란도 할 겸 와카야마로 도망쳤어. (2008년 7월 24일)

그리하여 결국 우리 친척들은 해방이 오기 전에 제주도로 돌아간 듯하다. 그것도 별로 자랑할 만한 일이 아닌 이유로 말이다.

위에서 말한 '둘째 형님'이란 박인규 큰아버지를 가리키는

** 원어는 コッペパン. 고구마 모양으로 바닥이 납작한 빵을 가리키는데, コッペ가 프랑스어 coupé인지, 독일어 Kuppe인지 분명치 않다.

데, '셋손'이라고 불렸고, 피부 빛이 가맣고, 백발에 얼굴이 크고, 목소리가 쩌렁쩌렁했다. '셋손'이 무슨 뜻인지는 잘 모른다.

와카야마의 어디에서 출발했는지는 모르겠는데 오사카항인가? 어딘지 잘 모르겠는데, 여하튼 항구에 도착했더니, 사람들이 꽤 많더구나. 육지 사람들만 보였어.

그곳에서 우리 부모님하고 큰손(큰형님)하고 셋손하고 누이 둘하고 나하고 동규, 그리고 다른 사람들과 함께 커다란 배에 올라탔단다. 너, 화물칸 알지? 짐 싣는 곳에 사람을 빽빽하게 채워 넣더구나. 그때는 마침 오키나와(沖繩)가 심하게 당할 때였지. 일본 경찰도 아무도 없고 조용하더라.

도중에 태풍을 만났어. 엔진이 꺼지고 말았지. 바람에 배가 사정없이 흔들리니까 다들 얼이 나갔어. 우리 큰손과 셋손은 어른이 다 되었으니까 싸움이 벌어져도 세게 나갔어. 몸을 부딪치기도 하고, 뭐든 가리지 않고 이런 수 저런 수 다 썼지. 하지만 요행히 배가 뒤집히지는 않았고, 깃발을 걸어서 구조를 받았어. 그래서 데리고 와 준 곳이 야마구치항(山口港)이었어. (2008년 5월 22일)

이 대목은 박정희 고모 이야기와 일치한다. 그런데 박정희 고모는 자기 아버지가 소리 내어 흐느꼈다는 이야기를 되풀이했는데, 박성규 큰아버지에게서는 그런 이야기가 나오지 않았다. 큰아버지는 그런 장면을 목격하지 못한 것일까? 또는 기억하지 못하는 것일까? 아니면 이야기하고 싶지 않은 것일까? 그렇다면 왜 그럴까? 알 수 없는 일이다.

조선으로
돌아가다

야마구치항에서 며칠 지낸 뒤 일가는 부산으로 향했다.

관부연락선*은 1945년 4월 1일 이후 하카타항에서 발착했다. 그 후 공습과 잠수함 공격, 기뢰 투하로 인해 종종 발착 항구를 변경했다. 1945년 6월 20일, 관부(關釜)와 박부(博釜)의 모든 연락선은 다른 항로로 변경하기에 이르렀다.[1] 큰아버지 말씀대로 야마구치항에서 부산으로 돌아왔다고 한다면 공적인 연락선을 이용했다고 보기는 어렵다.

1945년 여름께 큰아버지와 식구들이 돌아갔을 즈음, 제주도에서는 일본군을 대폭 증원하고 섬 각지에 기지를 한창 세우는 중이었다. 현재 제주국제공항의 전신에 해당하는 제주동(東)비행장은 1945년 5월에 착공해 지역 주민을 동원해 가며 건설 중이었다.

---

* 부산과 일본의 시모노세키(下關)를 연결하던 일본의 연락선으로 1905년에 개업해 2차 세계대전의 종전과 동시에 사실상 영업을 중단했다.

제주도에 주둔한 일본군은 1945년 1월 채 1000명을 채우지 못했지만, 제주도는 '본토 결전'을 대비한 작전[결호(決號)작전]의 중요 지점으로 정해 놓은 터였다. 따라서 그해 8월에는 관동군 2개 사단을 포함해 4개 반 사단(8만 4000명)이 주둔하기에 이르렀다.[2] 일본군은 오키나와에 이어 제주도를 본토 결전의 핵심 지역으로 삼고 주민을 끌어들여 전면적으로 전쟁을 벌이려고 준비 태세를 갖추고 있었던 듯하다.

그렇지만 큰아버지는 제주도에서 군인을 보거나 부친이나 형이 노역에 끌려갔던 기억이 없다고 한다.

— 집에서는 대개 어떤 음식을 먹었어요?

보리랑 조, 그렇지, 음, 보리랑 조가 밥이었어. 거기에 반찬이라면 고기. 그렇지만 소고기는 한 점도 없어. 제주도에서는 주로 돼지를 키우잖아. 돼지고기는 뭐, 가끔 먹었지. 그리고 생선이 있었단다. 장아찌가 있었고. 채소로 만드는 장아찌 있잖니. 마늘, 마늘을 간장에 절인 것하고, 생선이라야 자리, 자리라는 놈이 있어[자리돔을 말한다. 이 생선을 잡기 위한 배(뗏목)를 자릿배라고 부른다]. 회갈색을 띠는 작은 고기야. 1년 내내 먹을 수 있도록 소금에 절여 두지. 그걸 한 마리씩 꺼내 먹어. 한 끼 먹는 데 고작 한 마리를 말이다. 그걸 반찬으로 밥을 먹었어.

(2008년 7월 24일)

음식 이야기가 나오면 큰아버지는 말씀이 많아진다.

제사를 지낸다고 하지만 다 산 사람 먹자고 지내는 게지. 제사가 있으면 흰 쌀밥과 고기를 먹을 수 있으니까. 그래서 어머니 뒤를 자식들이 부리나케 졸졸 따라다녔던 일도 똑똑하게 기억난단다.

― 그랬어요? 다들 그렇게 산속을 걸어서……

그렇지, 먹을 것 있는 날이 제삿날이야. 음식이야 맛나고말고. 집에서는 그런 진수성찬을 어떻게 입에 대겠니? 제사 지낼 때만 그렇지.

― 큰아버지도 낚시질하러 나가곤 하셨어요?

낚시는 하지 않았어.

― 아, 낚시는 가지 않으셨군요.

가지 않았어. 난 그저, 마을에서, 말하자면 야밤 오징어잡이에 나갔어. 밤에 오징어를 잡으러 간 거야.

― 오징어요?

그래, 그렇게 멀리 나가지 않아도 되었어. 물가에서도 잡히니까.

― 오징어가 물가에서 잡혔어요?

응, 오징어는 그래. 전깃불을 켜고, 마을에 아는 사람들과 함께 나가지. 말도 마라, 내가 소학교 1, 2학년 때 거기 따라가서, 다른 사람과 이렇게 낚시한 적이 있어. 잡히지 않는다고 투덜댔지. 나야 잡는 방법도 별로 이해하지 못했어. 그러다가 남이 잡은 놈을 한 마리 얻으면, 집에 가져가서 내가 잡았다고 했어. 얼마나 좋아하셨는지 몰라, 우리 어머니! **(위와 동일)**

제주도
생활

이런 이야기를 들으면 제주도 생활이 즐거웠던 듯한 인상을 받는다. 그러나 실제로는 "원시 시대"라고 할 만한 수준이었던 듯하다.

> 그렇지, 그런 즐거움도 있었지. 뭐 이런 얘기는 해서는 안 되겠지만, 살림도 그렇고 집안도 힘들었어. 밤이면 깜깜하니까 그거 있잖니, 석유 넣는 것……
> — 아, 램프요?
> 그래, 램프! 먼 곳을 다닐 때도 이렇게……
> — 짊어지고요.
> 응, 짊어지고 다녔어. 또 간장 같은 것도 전부 자급자족이야. 손수 콩으로 담그는데, 우리 어머니도 콩을 가지고, 이렇게 해서, 이렇게 담아.
> — 으깨서요?
> 콩을 으깨서, 그걸 발효시키는 거야. 간장이 어떻게 되어 가나

궁금해서 독을 들여다보면, 허연 구더기가 우글거려. 그래도 그걸 없애서, 그렇게 만들어.

— 간장을요?

간장 대신으로 쓰기도 하고 그랬지. 모든 게 그런 식이야. 여기도 옛날엔 그야 가난했지만, 거기는 엄청나게 깡촌이었어. 원시 시대였어. 빨래는 바닷가에 가서 했으니까. 이렇게 방망이로 두들기면서……

— 큰아버지도 같이 가셨어요?

아아, 그렇지. 어머니 따라서 같이 갔어. 내가 소학교 1학년 때였으니까, 어머니가 따라오지 말라고 잔소리해도 졸래졸래 따라갈 때였지. 바다가 가까우니까 여름에는 시도 때도 없이 갔어. 그래서 뭐, 그런대로 헤엄은 좀 칠 줄 안단다. 음, 바다에 수영하러 자주 갔으니까. 그때 아마 우리 동규가 1학년이었을 거야. **(위와 동일)**

이 이야기를 들었을 때는 나도 모르게 웃어 버렸다. 따라오지 말라고 잔소리를 들어도 따라갔구나, 큰아버지도 귀여운 아이였구나 싶었다. 이제는 그런 모습을 찾아볼 수 없는 초라한 노인이지만 말이다.

— 저, 소학교는 제주도에서 다니셨어요?

그랬지.

— 4학년쯤이었나요?

5학년이었을 거야. 음, 음……

— 저, 그 당시 학교는 어땠어요? 친구들과 놀던 일도 들려주세요.

응. 그때 친구들과는 지금도 무척 친하게 지내. 지금도 일본에서 소학교 동창회가 자주 열리는걸. 모여서 밥이나 한 끼 먹는 모임도 있는데, 지금도 그런 모임이 있어.

— 저, 놀 때는 어떤 식으로 놀았어요?

놀 때 무슨 놀이를 했더라…… 저, 그러니까, 10엔 동전 같은 것, 구리 같은 것을 이런 통에, 이렇게 둥글게 뭉쳐서, 이렇게 위에, 이렇게, 저……

— 날개처럼요?

연 꼬리에 붙이는 날개처럼 만들어서 발로 차는 거야['제기차기'라고 한다. 일본의 게마리(蹴鞠)라는 공차기 놀이와 비슷한 놀이]. 우리가 그때 아마 열 살 안팎이었을 거야. 그건 지금도 얼마든지 찰 수 있지. 제기만 만들면 말이야. 10엔 동전 같은 것을 놓고, 위쪽으로 날개를 이렇게 만든 다음 가위질을 하면 돼. 그런 놀이도 있었고, 그리고 연날리기도 했어.

— 연날리기요?

응. 연끼리 실이 서로 뒤엉키게 해서 끊어 먹는 놀이야.

— 아, 그런 놀이가 있었어요?

있었지. 그런 식으로 겨울에도 놀았어. 아, 연날리기는 겨울 놀

가족의 역사를 씁니다

이야. 축구는 언제나 1년 내내 사시사철이야. 음, 맞다, 팽이 돌리기! 지금 말한 팽이는 여기, 그러니까 나무로 만들어. 내가 직접, 이렇게……

— 깎아서요?

응. 다들 모여들지. 그것도 저, 여기 팽이는 이렇게 [손으로 돌려서] 하잖니. 우리는 그러지 않았어. 나무로, 이렇게 긴 나무막대에 홈을 파는 거야. 그래서 그걸 이렇게 말아서 휙휙 돌리는데, 그걸로 치면 소리가 핑핑 나지. 계속 치면 이렇게 팽이가 돌아.

— 아, 과연 그렇군요.

그런 놀이야. 그런저런 놀이를 했어. 그리고 운동장에서 작은 공으로 공놀이도 했어. 요즘처럼 좋은 공이 없었는데도, 공차기, 축구 같은 놀이……

— 공이 아니었군요.

뭐, 공은 공인데, 요즘 말하는 공은 아니지.

— 그러니까 고무공 같은 건 아니었군요.

전혀 다르지. 작은 공인데 어딘가에서 주워 왔어. 그걸 여럿이서, 요즘 같으면 축구 시합을 하는 거야. 물론 제대로 된 공도 있긴 있었지. 쬐깐한 거, 요만한 공이야. 그걸 발로 차고 놀았어. 그것도 맨발로 말이다. 운동화 신은 애는 엄청난 부잣집 애야. 음, 그런 시절이었어. 잘들 놀았어. 그런 거 있잖니, 뭐라고 하냐, 단결심 같은 게 있었지. **(위와 동일)**

해방 후의
혼란

실은 그 당시 제주도는 해방 후 혼란에 빠져 있었다. 조선의 해방과 더불어 일본에서 귀환한 섬 주민이 거의 6만 명에 달했다. 제주도에서는 한 가구에 한 사람 이상 일본으로 돈을 벌러 갔고 그들이 부치는 송금에 의존해 살아왔기 때문에, 당연히 대거 귀환하는 사람을 받아들일 경제적 기반이 없었다.

1946년 6월에는 남한에서 이미 유행할 조짐을 보이던 콜레라가 제주도까지 들어왔다. 미군정에 따르면 그해 8월 31일까지 제주도에 369명, 남한 전체에는 7193명이 콜레라로 사망했다.[3]

나아가서 그해에는 태풍 같은 자연재해가 덮쳐 본토에서 식량을 보낼 수 없었다. 이런 사정이 겹치는 바람에 제주도 전역이 식량 부족에 시달렸다.

— 저, 콜레라가 유행한 일도 있었지요?

콜레라라……

— 콜레라가 들어오지 못하게 해야 한다는 얘기요.

응, 균을 어떻게 해야 한다고들 했지. 그게 전염병이었잖아. 다들 어리둥절해한 적이 있었지.

— 그래서 길에 보초를 세워서 외부 사람을 들어오지 못하게

막았다던데요.

맞아, 그랬어. 외부 사람을 못 오게 막았지. 똑바로 다 갈 수 있는 길이었으니까. 이 마을에는 못 들어온다고 했어. 그런 경험이 있었지.

— 그랬군요.

응. 처음에 한동안 그랬어. 콜레라가 유행했으니까.

— 그렇군요.

응. 콜레라가 퍼졌어. 언제였더라, 1943년인가 1944년이라고 생각해. 돌아와서 얼마 되지 않았을 때인데 그런 일을 겪었어.

— 기근은요? 먹을 것이 부족했던 것 같던데요. 분명히 그런 일도 있었지요?

제주도에서?

— 예.

아니, 아니야.

— 그런 일은 없었어요?

없었어. 제주도에는, 그러니까 쌀이 없어. 보리하고 조를 많이 거두니까 그걸 먹을 수 있었거든. 우리도 요즘 식으로 말하면 집도 사고, 밭도 사고, 소와 말도 사고, 그렇게 했어.

그런데 말이다. 그곳 현지 사람들은 말을 훈련하고 마차 같은 것을 만들어서 짐을 [실어] 날랐어. 우리는 그런 일을 할 수 없었지. 무리해서 말을 데려와도, 말이 미친 듯 날뛰니까 주변을 다 망쳐 놓기만 하고 말이야(마을이나 밭에 피해를 주었다는 뜻인 듯하

다). (2008년 5월 22일)

이때 누가 "무리해서" 말을 데려왔는지는 이미 친척 사이에 유명한 일화로 회자되는 이야기였다. 바로 셋손으로 불리는 박인규 큰아버지였다. 이 말 사건, 즉 길들이지 않은 말을 무리하게 타려고 하다가 말이 날뛰는 사건이 일어난 뒤, 그는 곧바로 오사카로 돌아갔다. 애초에 당신 때문에 온 가족이 제주도로 쫓겨 가듯 가지 않았느냐고 오금을 박고 싶은 대목이지만, 그분은 워낙 태생이 그런 인물인 듯하다.

위에서 "1943년인가 1944년"이라고 말한 1946년에 현재 한국(당시는 남한)은 정치적으로나 경제적으로 격심한 혼란을 겪고 있었다. 서울에서는 좌우익 정치 세력과 미군정이 빈번하게 충돌했다. 지방에서는 물가 급등과 식량 부족을 이유로 폭동이 일어났다. 제주도 역시 한반도, 아니 동북아시아 전역을 휩쓸고 있던 뜨거운 냉전에서 자유롭지 못했다.

해방 직후 남한 각지에는 인민위원회(공산주의 세력의 영향을 받기는 했으나 지역에 따라 인적 구성은 다양했다)가 생겨났다. 그러나 미군정과 충돌하여 해산당하던 내륙의 인민위원회와는 대조적으로, 제주도의 인민위원회는 '지방의 명사'라 할 만한 인물들이 참가한 덕분에 미군정과 충돌 없이 무사히 살아남았다.

그 대신 제주도는 인민위원회가 지배하는 '빨갱이 섬'이라는 낙인이 찍히고 말았다.

　　　　　　　　　　　　　　가족의 역사를 씁니다

1948년 2월에 38선 이남의 남한 지역에서만 단독 총선거를 실시하겠다는 결정이 내려졌다. 제주도인민위원회는 이에 반대했다. 남한의 공산주의 세력이 결집해 구성한 남조선노동당(남로당)이 반대 운동의 중심에 섰다(이연규 고모부가 참가한 바로 그 남로당이다).

이미 내륙에서는 제주도로 경찰관과 우익청년단을 다수 파견한 상태였다. 그들은 말이나 복장, 관습이 다른 도민들을 향해 차별하는 감정을 숨기지 않았다. 이들 '육지'에서 온 외지인들에 대한 도민의 불만과 분노는 점점 격해지고 있었다. 남로당 제주지부는 남한의 단독 선거에 반대하기 위해 1948년 4월에 제주도 곳곳에서 반대 운동을 벌이기로 결의했다.

1948년 4월 3일 새벽, 한라산 중턱에 봉화의 불길이 타오르자 이를 신호로 각지의 경찰서와 우익 인사의 민가가 습격당했다. 이날 피해자 상황을 살펴보면 사망자가 14명, 부상자가 25명, 행방불명자가 2명, 체포당한 자가 1명이었다. 이른바 '제주 4·3 사건'이 발발한 것이다.

제주 4·3 사건

2000년 1월에 공포한 '제주 4·3 사건 진상규명 및 희생자명예회복에 관한 특별법'은 제주 4·3 사건을 "1947년 3월 1일을 기점으로 삼아 1948년 4월 3일에 발생한 소요 사태 및 1954년 9월 21일까지 제주도에서 발생한 무력 충돌과 진압 과정에서 주민이 희생당한 사건"[4]이라고 규정한다.

제주 4·3 사건 진상규명 및 희생자명예회복 위원회는 이를 더욱 자세하게 정의한다. "1947년 3월 1일 경찰의 발포 사건을 기점으로, 경찰·서청(서북청년회)의 탄압에 대한 저항과 단독 선거 실시·단독 정부 수립에 대한 반대를 내걸고 1948년 4월 3일 남로당 제주단 무장대가 무장봉기를 일으킨 이래, 1954년 9월 21일 한라산 출입 금지 지역을 전면 개방할 때까지, 제주도에서 발생한 무장대와 토벌대의 무력 충돌 및 토벌대의 진압 과정 중에 수만 명의 제주도민이 희생당한 사건이다."[5]

참고로 현재 한국에서는 한라산으로 들어가 남한 단독 선거·단독 정부 반대를 내걸고 경찰·미군·우익단체를 공격한 측을 '무장대', 민간인까지도 공격한 미군·국군(1948년 8월 15일 이후)·경찰관·우익단체를 '토벌대'라고 일컫는다.

'무장대'라고는 해도 봉기 당시에는 주로 죽창·도끼·낫 등을 들었고 총도 구식 총 약 서른 자루, 미제 카빈총 여섯 자루, 일제 소총 한 자루, 탄약 119발이 있었을 뿐이다. 희생자를 수만 명이나 낸 참극의 시작은 이토록 소규모의 봉기였다. 아니 봉기라기보다는 지역 규모의 폭동이라고 해야 어울릴 만한 소박한 시작이었다.

2001년 현재 피해 신고자 수는 1만 4028명(사망자 1만 715명, 행방불명자 3171명, 후유장애자 142명), 피해를 입은 촌락 수는 300 군데 이상, 가옥 피해는 2만여 호·4만여 동을 웃돌 것으로 추정한다. 피해 신고자의 85퍼센트 이상이 정부·군·경찰·우익청년단 등 '토벌대'에게 피해를 당했고, 피해 신고자 중 10퍼센트 이상이 61세 이상의 고령자와 10세 이하의 아이들이다.

1948년 5월 10일, 남한 단독 선거를 실시했다. 제주도에서는 13개 읍면 중 7개가 선거 방해로 선거를 치르지 못했다. 5월 7~10일의 나흘 동안 경찰관 1명, 우익청년단원 7명이 사망했고, 경찰의 공격으로 무장대 21명이 사망했다.

5월 11일, 전국 200개 선거구 중 제주도 북제주군 갑구(투표율 43퍼센트)와 을구(투표율 46.5퍼센트)의 투표율이 과반수에 미치지 못해 투표 미결로 처리된다.

5월 10일 이후에도 무장대의 공격은 멈추지 않았다. 6월 10일, 미군정은 제주도에서 선거를 무기한 연기한다고 발표했다.

단독 선거의 실패 이후 미군정은 제주도를 군정 최대의 장애물로 간주하고 강경한 진압 작전에 돌입했다. 남로당 중심의 무장대는 남한 단독 선거를 반대하고 지하 선거를 실시했으며, 김달삼(金達三)을 비롯한 무장대의 중심인물은 8월 21~25일 북한 해주에서 열리는 '남조선인민대표자회의'*에

✱   이 회의에서 조선최고인민회의에 참석할 남한 대의원 360명을 선출했

참가하기 위해 비밀리에 제주도를 빠져나갔다.

이렇게 지하 선거가 이뤄지고 무장대의 중심인물이 남조선 인민대표자회의에 참가함에 따라 제주도의 무장봉기는 단순 봉기가 아니라 한반도 정세와 직결되어 있다는 인식이 널리 퍼져 나갔다. 다시 말해 처음에 4·3 사건은 경찰과 우익단체에 저항하는 지역 주민의 봉기라는 성격이 강했지만, 남조선인민대표자회의 이후 제주도의 상황은 한반도 분단을 둘러싼 남북한 및 그 배후의 미소 대립으로 휩쓸려 들어가 버렸다.

— 있잖아요, 4·3 사건이라든지, 도대체 무슨 일이 벌어지고 있는지 어리둥절한 일이 있지 않았어요? 직접 목격하신 일이 라든지.

아…… 소학교 뒤편 서쪽에 교장 선생의 집이 있었어. 지금도 지사라면 지사 공관 같은 것이 있지 않니.

— 그렇지요.

그런 것처럼 교장 관사가 있었어. 그 집 마당에서 고문이…… 고문이라고 하면 경찰서를 떠올릴지도 모르겠지만, 그놈들은 어디든 상관하지 않았어. 집 주위에 돌담이 있었는데, 너도 알지? 제주도 돌담은 시멘트 발라서 굳힌 담과는 달리 구멍투성

다. 제주를 비롯한 남한 전역에서 실시된 지하 선거는 남조선인민대표자회의에 참가할 남측 대표자 1080명을 뽑는 선거였다.

이잖니. 거기에서 동급생 두세 명과 함께……

— 엿보셨다는 말씀인가요?

눈 뜨고는 못 봐. 주먹으로 때리고, 발로 차고, 입에 뜨거운 물을 붓더라니까. 발을 나무에 묶어 놓고 말이야. 소리가 얼마나 요란하게 나던지, 뚝뚝 부러지더라니까.

— 허억……

기절하면 물을 끼얹어. 저기…… 저녁에, 우리 집에서 저녁밥을 먹는데, 그 뭐냐, 군대가 오더니 다 밖으로 나오라고 그러더구나. 총을 들고 있으니까, 나오라고 하면 나갈 수밖에 없지! 거스르면 죽겠구나 싶으니까.

그래서 가라는 대로 가니까 소학교 뒤편이야. 마을에서 제일 널찍한 밭이 있는데, 마을 사람들이 다 모여 있더라고. 보아하니 기관총 들고 줄을 세우는 게 보였어. 일전에 와서 "너희들, 산(한라산을 근거지로 게릴라전을 펴는 도민들)하고 관계가 있느냐?"고 물었는데 누군가 "뭐 아는 사람이 있다"고 했더니 마을 사람들을 모조리 죽여 버린 사건이 있었어.

— 그 일은 언제쯤 일어났어요? 어느 계절에요?

여름이 다 끝나갈 무렵이었는데, 그래도 쌀쌀했어. 그럼 가을이었을까? 여하튼 그래서 두 시간쯤 거기에 서 있었지. (위와 동일)

죽는다는 뜻이
뭔지 몰랐어

1948년부터 1949년까지 무장대의 사령관이었던 이덕구는 신촌리 출신이다. 박성규 큰아버지가 이야기한 이날 밤 사건은 아마도 이 사실과 연관이 있을 듯하다. 그러나 신촌리 주민은 다행히도 학살을 면했다.

> 신촌리 이장하고, 경찰서장이었던가, 높은 사람이 있었어. 이 사람들이 살려 주었어. 이 마을 사람들은 관계가 없다고 말이야. 그 사람들이 군대를 설득했어. 두 시간쯤 지나니까 다들 집으로 가도 좋다고 하더라고. 그래서 살아남은 거야. **(위와 동일)**

> — 무섭지는 않으셨어요?
> 다들 밭에 죽 늘어서서 "너희들, 산하고 연락하지? 한 패거리지?" 하고 죽이려고 할 때도, 물론 나중에는 무슨 일인지 알았지, 하지만 당시에는 전혀 몰랐어. 왜 이렇게 모이라고 했는지, 왜 밖으로 다 나오라고 했는지, 하나도 몰랐어.
> 나중에 다른 곳에서 사람들이 죽었다는 얘기를 들었지만, 뭐, 죽는다는 뜻이 뭔지 몰랐어. 지금 생각해 보면 무섭다는 것도 몰랐어. 그 당시에는 말이야. **(2008년 10월 7일)**

신촌리의 다른 주민들 증언을 살펴보면, 이때 마을 사람들을 집합시키는 과정에서 마을의 유력자나 경찰관이 서로 왕래하고 의논해 사태를 결정지었다고 한다.

박성규 큰아버지가 말한 '경찰서장'은 다른 증언에 따르면 육지에서 온 군인이었다. 그 증언자는 말하기를, 얼굴에 불그스름한 기미가 있어 '지미둥이('붉은 기미'라는 뜻)'라고 불리던 인물이 군대를 설득했다고 한다.[6] 그러나 2014년 조사에 따르면 "1949년 1월 19일 신촌 국민학교가 무장대의 습격을 받아 불에 타자 2연대 3대대 군인들이 주민들을 학교에 모두 모이도록 한 뒤 기관총으로 쏘려고 했으나, 조천지서 김순철 순경(서북청년단 출신)이 '나를 향해 쏘라. 내가 책임지겠다'며 김지도 순경, 신촌 국민학교 채종철 교사 등과 함께 주민들을 구명했다"고 나와 있다.[7]

그렇지만 그때 큰손과 우리 아버지가 끌려가서 이것저것 조사를 받았어. 제주시 경찰서인지 어딘지 모르겠는데, 거기서 "너희들, 산사람들과 연락하지 않아? 아는 사람이 있지 않아?" 하고 물었다 하더라고.
아버지가 "아닙니다. 난 관계가 없어요" 하고 부정하니까 몇 대 맞긴 했어도 금방 풀려났어. 그런데 큰손이…… 한국어 잘 모르니까……
— 아, 예……

그런 걸 잘 알 턱이 없잖아. 주위를 둘러보니까 일단 '예, 예' 하는 사람은 때리지 않더란 말이지. 그러니까 자기도 그렇게 하면 되겠다 싶었던 모양이야. "소학교에 불 지른 놈이 너희들이냐?" 하니까 "예", "너희들, 산사람들과 연락하고 있지?" 하니까 "예"라고 한 거야. 그런 식이었던 거지.

— 설마! 그건 좀……

그래서 제일 안 좋은 거, 제일 나쁜 놈이 되어 버렸어. 그러면 육지로 보내서 재판을 받게 하거든. 사형 아니면 무기징역이야.

(2008년 5월 22일)

이때는 무슨 이런 일이 있을까 싶어 어리둥절했지만, 곰곰이 생각해 보면 장남인 큰손 박제규 큰아버지가 '한국어를 잘 모르는' 것은 당연했다. 큰손 큰아버지는 확실히 제주도에서 태어나 11세 무렵까지 제주도에서 살다가 고베와 오사카로 이주했는데, 학교를 거의 다니지 않았다.

그분이 이해하는 말은 제주도 말과 오사카 방언이었다. 제주도 말은 '육지', 즉 내륙 사람들의 이른바 '한국어'와 매우 이질적인 언어였다.

우리 마을에서 제주시까지 8킬로였는데, 우리 어머니 말이다, 원규를 업고 매일 다녔어. 우리 어머니는 학교 근처에도 가지 않은 분이었지만 말을 아주 잘했어. 지금 같으면 변호사가 되셨을 거야.

매일같이 그곳을 다니면서 탄원도 하고, 교섭도 하고, 선물도 주고, 갖가지 수를 다 써 봤지 뭐냐. 그랬더니 저쪽 판사의 부인인지 누군지, 말을 잘 해 주어 겨우 석방이 되었어.

— 그런 이유로 풀려났단 말인가요?

풀려나기는 했는데 이미 죽도록 얻어맞은 몸이었지. 경찰이 끌고 가면 일단 두들겨 패고 보지 않니.

— 그랬겠지요. 큰손 큰아버지도, 할아버지도……

말하자면 요즘 말하는 제일 높은 우두머리가 되어서 나온 셈이야, 여러 가지 의미에서 말이다. 그렇게 되면 자칫 산사람들에게도 죽임을 당하는 경우가 있어. 물론 이쪽 군대에 의해서도 죽을 수 있고 말이야. 그래서 그때 큰손이 집으로 돌아왔을 때는 일단 일본으로 보내지 않으면 큰일 나겠다고 한 거야. 안전한 곳으로 보내야 한다고 말이야. (위와 동일)

바닷가에 있는 신촌리에서는 소개령도 없었고, 마을이 불태워진 일도 없었다. 그렇다고 평화롭게 살았던 것은 결코 아닐 텐데, 신촌리의 피해 상황을 소리 높여 이야기하는 목소리는 없었다. 그리하여 대체로 "비교적 피해가 적었다"[8]고 보는 편이 많았다.

그러나 실제 사망자 수를 살펴보면 반드시 그렇다고 할 수 없다. 제주 4·3 사건 진상규명 및 희생자명예회복 위원회가 내

놓은 보고서에 따르면, 2003년 12월에 피해 신고자 총수 1만 4028명 중 신촌리의 피해자 수는 220명이었다. 이는 조천면에서는 세 번째, 제주도 전체에서는 열두 번째로 많은 숫자다.[9]

보고하지 않은 사람까지 포함하면 피해자 수는 더욱 많을 것이다. 피해 입은 사람들이 침묵하고 있을지도 모른다. 지금도 이야기하기 어려운 상황이 계속 이어지고 있을지도 모르고 말이다.

마을 사람들의
학살

1948년 11월 11일, 무장대가 이웃 마을 조천리를 공격했다. 12일에는 전날 수색하러 신촌리를 찾아온 토벌대가 20대부터 30대 초반의 청년 다섯 명을 학살했다.[10]

11월 16일에는 신촌리 부근 언덕에서 학살당한 마을 사람을 매장하던 네 명 가운데 토벌대의 총격으로 세 명이 사망했다.

11월 26일과 28일에는 52세 여성과 20~40세 마을 사람들이 근처 모래사장과 언덕에서 총살당했다. 시기는 명확하지 않으나 18~39세 마을 사람 다섯 명도 비슷한 시기에 체포돼 총살당했다.[11]

아, 그 일은 거의, 말하자면 저…… 다 끝나갈 즈음이라고 할까, 대체로 그래.

— 이곳으로 오기 직전이었나요?

음, 군대가 우르르 들어왔어. 그럴 때 연락책을 잡아 와서, 뭐, 말로는 차마 다 못해.

— 연락책이요?

응, 그놈을 잡아다가, 말하자면 언덕처럼 경사진 밭이야. 그쪽으로 "너 나와, 너 이리로 나와" 해서는 뭐, 너덧 명씩 말이야. 너덧 명씩 세워 놓고는…… 아, 세 사람이었구나! 김일성 만세를 외치라고 하더니, 노래도 부르라고 하더라.

— 노래를요? 불렀다고요?

응. 뭐냐, 저쪽 노래야. 북조선 노래…… 그러고 나면 죽여, 그러면 안 되는데, 군대는…… 그다음에는 가라고 하고는, 정말이지, 창으로 찌르러 가는 거야. 이런 머릿수건을 다들 동여매고 있었는데, 푹푹 찌르는 거야. 그걸 교대로 번갈아 가면서 해. 마지막에는 총포를 쏘는데, 총으로 저…… 군인이 쏘는 거야. 그건 나도 봤어.

— 그건 그러니까 학교 건물에서 보신 건가요?

응, 그 운동장이었어.

— 운동장이요?

운동장에서 죽였어. 밭에서도……

— 아, 그 밭에서요? 그런 짓을 했어요?

응, 그렇다니까. 그 시절에는 '한청(韓青)'이라고 해서 한국청년 동맹이라고 부르는 곳이, 한국의 청년단도 있었어, 끌고 가서 죽이는 곳이야. 뭐, 말하자면 50미터쯤 앞에, 이렇게 좀 앞으로 나오라고 해. 거기에 너덧 명씩, 앞을 보게 세워 놓고, 교대로 번 갈아서……

군대는 그 뭐냐, M1이라고 해서 8연발 미제 총을 갖고 있었어. 그런 총으로 한 발만 쏴도, 탕, 탕, 한 발만 맞아도, 뭐 엄청난 놈이 야. 피스톨 알지? 그런 것하고는 달라. 그런 총을 가진 군인도 몇 명 있었어. 그런 군인들이 우리 눈앞에서 사람을 해치우는 거야.

— 그런 일은, 뭐랄까, 그 시절에는요. 뭐라고 해야 하나? 그러 니까, 그런 일이 매일 벌어지는데 무섭다는 생각은 들지 않으 셨어요?

그때 내 기분은 말이지, 무섭다고 하는, 그런 이미지는 정말 없 었어.

— 아, 그러셨어요?

응. 소학교, 겨우 1학년인가 2학년 때니까 말이야. 얻어맞는 일 만 해도, 툭하면 얻어맞았지. 그래도 요만한 구멍으로 들여다봤 다니까, 이런 일 저런 일 죄다…… 그냥 불쌍하다든가, 무섭다 든가, 그런 감각이 없었어.

— 아, 그러셨군요.

아직 그런 생각은 하지 못했어. 소학교 1, 2학년 때니까 그랬지. 그야 조금만 더 컸다면, 5, 6학년이었다면 아마 무서움을 느꼈

가족의 역사를 씁니다

겠지만 그 당시에는 몰랐어. 지금은 떠올리기만 해도 오싹거리는데 말이야. 다들 나오라고 해서 밭에다가 일렬로 줄을 세워 놓고 그렇게 했는데, 나중에야 다 알았지만, 그때는 전혀 몰랐어.

— '어째서 이렇게 다들 모이라고 하지?' 궁금해하는 정도였을까요?

사람들 모아 놓은 것도 몰라. 나오라고 한 것만 알지. 나중에 그 사람들이 모조리 살해당했을지도 모르지만, 죽는다는 게 뭔지, 죽는다는 의미를 모르니까. 소학교 어린애니까 그랬겠지. 지금 생각해 보면 그래. 무섭다는 것도 잘 몰랐어. 그 당시에는 그랬어. (2008년 7월 24일)

12월에 들어서도 마을 사람에 대한 공격은 끊이지 않았다.

12월 초순 마을에 남아 있던 청년 열한 명이 군대에 연행되어 16일에 처형당했다. 마을 청년들에게는 자수하라는 명령이 전해졌다. 숨어 살던 주민들이 목숨을 보장받기 위해 '자수'했다. 조천면에서 200여 명이 신촌리에 인접한 함덕리(咸德里) 국민학교로 나갔다.

그러나 12월 21일, 함덕 국민학교에 수감당해 있던 이들 자수한 주민은 트럭에 실려 제주읍 내의 박성내라는 하천가에 도착해 그곳에서 총살당했다. 시체는 가솔린을 뿌려 태웠다. 이때 신촌리 주민으로 확인된 사람은 19~31세의 여덟 명이다.[12] 12월 10일 전후로 다른 마을에서도 70여 명이 토벌대에 의해 살해당했다.

한라산의
빽빽한 숲

이 무렵 박성규 큰아버지는 더는 소학교에 다닐 수 없어졌다.
당시 소학교의 상황에 대해 다른 신촌리 출신 사람의 증언을
들어 보면, 교사들은 차례로 '산'으로 들어가 버리더니 한 달
에 한 번밖에 학교에 오지 않았다. 또 가끔 찾아오는 교사의
얼굴이 얼마나 창백한지 병든 것 같다고 했다.[13]

> 어느 날 밤 누가 소학교에 불을 질렀지 뭐냐. 산사람들이지. 그
> 러니 마을 사람들한테 나오라고 하지. 가 보니까 학교는 활활
> 타고 있고 누가 연설을 하고 있어. 연설 내용이 그러니까, 여기
> 있으면 다 죽임을 당할 테니 산으로 가야 한다는 거야. 살기 위
> 해서는 산에 들어가 싸워야 한다는 내용이었어.
> ― 아…… 싸우지 않으면 죽는다는 거군요.
> 그렇지만 나는 그때 소학교 3학년인가 4학년이었어. 4학년이었
> 나 보다. 그만 산으로 가는 사람들을 따라가고 말았어.
> ― 큰아버지 혼자서 말인가요?
> 너덧이 같이 갔어.

— 그래서 어떻게 되었어요?

한라산 주위에는 숲이 빽빽해. 야마나시현(山梨県)에 있는 거대한 숲하고는 다르지만, 그래도 비슷해. 자기가 어디에 있는지 알 수 없어서 헤매다가 죽고 마는 곳이야. 자살의 명소라고도 하잖니. 여기(제주) 사람은 그러지 않지만, 그런 데와 비슷하니까 보통 사람은 가지 않는 곳이야. 그런데도 산속에 약으로 쓸 풀이 있다고 그걸 찾으러 가는 사람도 있긴 하지.

— 어머, 그렇군요.

그런 사람들은 길을 잘 알아. 그때 함께 간 사람 중에 그런 아저씨가 있었어. 그 아저씨를 졸졸 따라갔지. 지금 돌이켜 봐도 모르겠어. 왜 그때 가족을 생각하지 않았는지 말이야. 머릿속에 그저 살고 싶다는 생각만 가득했던 거야. 그것밖에는 생각하지 않았어. 그렇지만 보통은 가족도 함께 가야 한다고 생각하지 않니?

— 글쎄요. 그때 큰아버지는 어렸으니까요.

우리 마을에서 한라산 숲으로 들어가려면 20킬로는 족히 걸어야 해. 그렇게 먼 길을 정신없이 걷고 또 걷다가 숲에 들어가서 한숨 돌릴 때, 그때 비로소 '아, 우리 가족은 어떻게 되었을까?' 하는 생각이 들었어.

— 그때 무섭지 않으셨어요? 가족도 없이요.

오싹하게 무서웠어. 사방이 쥐 죽은 듯하고.

— 산속이 고요했군요.

멀리서 탕, 탕, 총소리인지 대포 소리인지 들려오더라. (2008년 5
월 22일)

신촌리 출신으로 4·3 사건이 일어났을 때 제주읍(성내)에
살았던 이건삼(李健三) 씨는 다음과 같이 말했다.[14] "음, 얼마간
시간이 지나니까 산 쪽에서 대포 소리가 들렸습니다. 하루 내
내 대포 소리가 났어요. 쿵, 쿵, 간격을 두고요." "그 소리가 며
칠이나 계속 끊이지 않았지요. 결국 저 소리는 아마도 덕구(德
九) 측과 마을이, 그러니까…… 말하자면 군량을 차지하려고
공격했던 것이 아닐까요?"

박성규 큰아버지가 들은 대포 소리는 어쩌면 저 소리였는
지도 모른다.

그때 먹었던 게 뭐라는 풀이었나? 포도알처럼 작은데 먹으면
입안이 새파래지는 그런 열매였어. 그 아저씨가 알고 있더라고.
뭘 먹을 수 있는지 말이야. 그래서 이틀 밤 산에 있었던 것 같아.
하지만 물도 없지, 아무것도 없잖아. 잠자리라고 해 봐야 겨우
나무 아래였고.

— 도저히 있을 수가 없었겠네요.

그래서 이틀 밤 지낸 다음 그 아저씨가 "죽어도 좋으니까 마을
로 그만 돌아갑시다" 하더라고. 우리는 잠자코 그 아저씨를 따
를 뿐이었어. 그래서 천천히, 아주 천천히 다들 밤에 산에서 내

가족의 역사를 씁니다

려왔어.

— 빨리 움직이면 발각당할 테니까요.

그렇지. 그렇게 집에 당도해 보니까 부모님이 살아 계셨어. 얼마나 놀랐는지 몰라. 나는 부모님이 마을에 남았으니 다 죽었을 거라고 짐작했으니까 말이야. 또 부모님은 부모님대로 내가 죽었다고 생각하셨던 게야. 겨우 이틀이나 사흘쯤 집을 떠났을 뿐이지만 어디 여행에 비하겠니? 그야말로 생이별이나 다름없었지.

— 다행이었네요.

그러니까 어머니가 통곡하시고, 나도 울음을 터뜨렸지. (위와 동일)

일본으로

소학교에 방화한 날짜(1949년 1월 19일)로 미루어 큰아버지 일행이 제주도를 떠난 시기가 이르게 잡아도 1949년 1월 이후였다는 사실을 알 수 있다. 제민일보의 4·3 취재반은 이 시기를 '육해공군 합동 토벌 시기'라 부르고 이 무렵 무장대 세력은 더욱 약해졌다고 보았다.[15]

또한 이 시기에는 토벌대의 집단 학살 사건이 빈발하기도 했다. 1949년 1월 17일 조천면 북촌리(北村里)에서 '공비와 내통했다'는 혐의를 구실로 주민 300여 명이 학살당하고, 400채가 넘는 가옥이 불탄 사건이 일어났다.

3월에는 제주도지구 전투사령부를 설치하고 최후의 진압 작전에 들어갔다. 토벌대는 선무공작*을 펼침과 동시에, 민보단원이라는 이름 아래 무장대의 공격을 막도록 도민 5만 명을 내몰았다. 4월 9일에는 이승만이 제주도를 방문했고, 5월에는 선거를 치르지 못한 선거구 두 곳에서 재선거를 실시했다.

무장대 사령관 이덕구가 사살당한 것은 6월 7일이다. 그의 시체는 제주시에 있는 관덕정 앞 광장에 내걸렸다. 또 이덕구의 가족과 친척 가운데 두 살짜리 아기와 엄마를 포함해 22명이 살해당했고, 살아남은 친척은 일본으로 밀항했다.[16]

— 저…… 일본으로 온다는 건, 그러니까 말하자면, 당시에 일반적이었다고 하면 좀 그렇지만, 제주에서 오사카로 오는 거였을까요?

당시에는 이제 밀항해야 했으니까.

— 음, 그렇지요. 밀항은 밀항인데, 밀항으로 일본 가는 사람이 많다든가, 뭐 그런 소문은 들으셨어요?

응. 얼마나 많았는지 몰라. 하지만 간단하게 말해서 그건 모호해졌어. 왜냐하면 방금 내가 말한 것처럼 4·3 사건, 제주도에서 일어났으니까.

✿　전시나 사변으로 군대가 출병해 적국의 영토를 점령했을 때, 지역 주민이 군에 협력하거나 적어도 적대 행위를 하지 않도록 선전과 원조 활동을 벌이는 일.

그래서 이쪽으로 건너오려고 할 때, 원래는 먼저 부산에 간 다음 부산에서 쓰시마로 오면 간단하게 올 수 있어. 아마 어림잡아 세 시간이면 도착할 거야. 부산 그 동네에서 쓰시마 끝에 도착하는 데 밤중에 세 시간이면 대충 올 수 있어.

그렇게 갈 수가 있어. 갈 수는 있는데, 웬만해서는 제주도에서 빠져나올 수가 없는 거야. 그래서 우리가 처음에는 이렇게 얘기했어. 할아버지한테 배가 있었으니까, 통통배! 우리가 선주니까, 아버지가 선주니까, 배에 들어가서 가족이 함께 오자고. 여자들만 남겨 놓고……

— 그때 다른 사람들도 있었지요? 큰아버지 가족 말고도 다른 사람들이요.

잔뜩 탔지.

— 그렇게나……

빈틈없이 꽉꽉 채워서 그득그득 탔어.

— 다들 그 배에 함께 탔군요.

함께 탔지. 우리가 선주니까…… 그런데 아무리 통통배라도 방이 있어. 그 방이라는 건, 말하자면 한 평에서 한 평 반 크기야. 선주들이 교대로 배를 운전하기도 하고, 뭐, 있잖니, 배 움직이는 거 말이다. 음, 여하튼 매일 아침 갑판에서 일하는 보통 일꾼은 쉬기도 하고, 다른 사람과 교대하기도 하는 방이 있어. 그 방에는 우리가 있으니까, 다른 사람들이 빽빽하게 몸을 실은 곳은 짐칸이었어. 짐 대신 사람을 실은 거지. 가득가득 무지하게 말이야.

— 그러니까 뭐라고 할까요, 그게 일본에 가기로 하고, 가는 날이 오면 사람을 그렇게 많이 불러와서 태우는 건가요?

맞아, 그런 거야. 며칠 전부터 일본 간다는 걸 알려. 입에서 입으로 알리는 거야. 그러면 때가 올 때……

— 입에서 입으로……

언제쯤 떠날 시간이 되면 몰래 항구로 오라고 전해. 그러면 그때까지 돈을 받아 두지. 일본까지 가는 뱃삯!

— 아하, 그렇군요. 상당히 위험했겠지요.

그렇지. 뭐, 그때는 아직, 그러니까 일본으로, 아직 밀항으로 들어오기 쉬웠을 때야. 뭐, 말하자면 치안이 아직은 제대로 잡히지 않았으니까. 1949년께일 테니까.

— 그 후 그 일이 있었던 거죠. 오노(大野)에 큰아버지가 있는 곳으로 고모(박정희 고모)가 왔을 때는 꽤나……

중간에 말 끊지 말아라. 그때는 상황이 험악했어. 그 당시 밀항이라고 하면 보통 큰일이 아니었으니까. 요샛말로 하면 그 뭐냐, 전문으로 하는 꾼이 있었어. 오사카로 온다고 하면 오사카 어디에 숨어 있게 하고, 오기 전에 돈을 먼저 가지고 오라고 해. 암거래라도 할 것 같은 사람에게 연락하게 하고……

— 아, 그건, 그러니까 전문 업자 같은 사람이군요.

맞아, 그런 사람에게 맡기는 거야.

— 오사카에도 그런 사람이 있었어요? 오사카에요.

가족의 역사를 씁니다

말해 뭐하겠니. 얼마든지 있지. 이만큼 한가득 있고말고.

— 얼마든지 있다고요?

응. 얼마를 내라고 해서 돈만 내고는 속았다는 사람도 꽤 있고 말이야.

— 아하, 사기꾼 같은 사람도 있었겠군요.

어느 정도는 그렇지. 그러니까 그 대신 돈을 한꺼번에 다 주지 않아. 다 주어 버리면 그런 일을 당하기도 하니까. 3분의 1만 주거나 해. 예를 들면 50만 주어야 하면 10만 먼저 주고, 도착한 다음에 나머지 주는 식이지. 그런 식으로 장사를 해서 사람을 데리고 오는 거야.

— 그러면 고모들이나 큰어머니는 그렇게 해서 오신 거네요.

그렇지.

— 저, 그런 사람이 있는 곳에 부탁하러 찾아가셨겠군요.

그렇지. 저…… 찾아가서, 요즘 말로는 뭐냐, 제일 빨리 가야 할 사람, 저…… 일등, 그 큰손 아들이 있잖니?

— 아, 박종환(큰손 박제규의 큰아들. 큰손 큰아버지는 아내와 어린 아들을 남기고 혼자 일본으로 밀항했다) 오빠요.

응. 그 애가 제일 빨리 이곳으로 왔어. 그다음에 지금 말한 둘째, 저…… 누이, 오노의 고모, 그다음이 도시짱(박준자 고모. 넷째 딸), 그다음이 엣짱(박영희 고모. 셋째 딸)이야.

그러고 나서 여자들을 다 불렀어. 제일 위(박난희 고모)하고, 여자들 네 명인가? 응, 네 명, 맨 위는 제주도에서 시집갔고 나머지

세 명은 시집 안 갔으니까. 그러니까 한 사람 한 사람 불러왔어.
한 사람씩밖에 불러오지 못해. 돈을 내야 하니까.

— 저기…… 그러니까 제주도에 있을 때, 도망가지 않으면 안
되겠다고 생각한 건, 역시 그, 마을이 위험해졌기 때문인가요?
일본으로 가야 한다고 한 이유요.

그건 아니야. 우리가 일본으로 가야겠다고 한 건, 우선 무슨 생
각을 했느냐 하면, 그 당시 제주도 사정이 방금 말한 것처럼 그
랬으니까 말이다. 그런데 우리 아버지는 좀, 뭐랄까, 연세가 좀
많은 편이니까. 그래서 제일 위가 먼저 불려온 거야.

— 큰손만……

그래. 여러 가지가 있었어, 군(軍)에…… 자칫하면 산사람에게
도 죽임을 당할 수 있어. 또 이쪽 군대에도 죽임을 당할 수 있고.
그래서 우선은 빨리 가 버리라고 먼저 보낸 거야. 첫 번째는 그
렇게 보냈고, 두 번째는 셋손을 먼저 보내자고 했는데, 그런 일
쯤은 아무것도 아니었어.

그런데 이번에 4·3 사건이 일어났을 때는 죽도록 얻어맞기도
하고 구사일생이었잖니, 그 큰손 말이다.

— 얻어맞기도 했어요?

인정사정 보지 않았어. 저, 마구 끌고 가서, 경찰한테 끌려가서
당했어.

— 그랬군요. 경찰한테 두들겨 맞았다고요.

그래, 그렇단다. 그때 집에 돌아와서, 우선은 일본, 일본으로 가

지 않으면 안 된다고 했어. 그래서 서둘러서 보내 버린 거야.

일본으로 보낸 뒤에 이번에는 우리 아버지였어. 배 타는 사람이지만, 전쟁 시대가 되니까 사정이 안 좋아졌지. 돈이 벌리지 않았어. 배를 쓸 수 있는 사람이 아무도 없었지. 우리는 그때 너무나 어렸으니까. 그렇지만 큰손, 셋손, 다들 문제를 잘 알아(무슨 문제였는지는 잘 모른다). 아버지는 연세도 연세였고, 그러니 수입이 거의 없었어.

— 어부하고는 사정이 달랐군요.

고기잡이도 하기는 했지. 그래도 어부는 아니었어. 우리 배는 어부들이 타는 배가 아니었어. 훨씬 더 큰 배야. 나무로 만들었지만 아주 큰 거였어. 짐을 실어 나르거나 하는 배 말이야.

— 아, 그런 배요.

그런 배로 일을 하고 살았어. 작은 배, 저기…… 작은 배는 고기 잡는 배야. 그런 배가 아니야. 짐 싣는 배야. 그런 배를 샀던 거야. 몇 명인가, 세 명쯤 돈을 모아서 샀어. 그때 하던 일이 좀 요상했어. 죄다 일본을 가는 거야, 돈을 받고……

— 일본에 갔다고요.

응. 그런 일을 맡아 했어. 우리는 선주였고. 뭐, 말하자면 우리 가족이 선주…… 지금 말한 일을 더는 제주도에서 해 나갈 수 없어졌다는 얘기야.

— 생계가 위태로워졌군요.

응, 그렇지. (2008년 5월 22일)

이때 큰아버지 가족은 세토 내해(瀬戸內海)를 항해했다. 그런데 도중에 배가 "바다 가운데 놓아 둔 그물이 있잖아, 거기에 걸려서 그물에 구멍이" 나 버린 듯했다.

배는 운항을 중지당했다. 하지만 "우리 아버지와 같은 회사 다니는 사람이 탔는데, 그 사람이 기지를 발휘해서 '구멍을 낸 것은 저입니다. 내가 변상할게요' 하고 책임을 전부 뒤집어쓰고 상대편 배에 올라탄" 덕분에 골치 아픈 사건으로 번지지는 않았다.

큰아버지 일행이 상륙한 곳은 고시엔(甲子園) 야구장 근처의 해변이었다. 큰아버지는 어머니와 남동생 둘을 데리고 작은 배로 갈아타고 맨 먼저 상륙했다. 그곳에서 전차를 타고 이카이노(猪飼野)에 있는 외가 쪽 친척 집으로 갔다.

전차에 올라타 자리에 앉자마자 바로 아래 동생(박동규 큰아버지)이 제주도 말로 "여기는 따뜻하네" 하고 말했다. 어머니는 그런 말을 하면 안 된다고 주의를 주었다.

스이타 사건

1951년 4월, 박성규 큰아버지는 오사카 시립 서금리(西今里) 중학교에 입학했다. 서금리 중학교는 좀 설명할 필요가 있다.

전후 곧바로 세워진 일본 각지의 민족학교는 1949년 10월부터 공식적인 인정을 받지 못하는 기관이 되었다. 그 후 민족학교는 일본의 공립 초·중학교가 되든지, 사립 민족학교로 존속하든지, 공립학교 안의 민족학교로 편입되든지, 개인 주택에 자리 잡은 학원이 되는 등 매우 다양한 형태로 바뀌었다.

이 가운데 공립학교로 세운 서금리 중학교는 흔히 볼 수 없는 예였다. 1950년 동성(東城) 조선학원 터에 설립한 때부터 1961년 사립 오사카 조선학원에 편입하기까지 일본인·조선인 교사들이 교육을 담당했다.

1955년부터 서금리 중학교에 근무한 어느 조선인 교사는, "조선인과 일본인 교장이 각각 한 명씩 있고, 교사도 반반씩 있는 형국"[17]이었고, "오사카부는 물론 효고(兵庫), 와카야마, 나라(奈良) 등지에서도 학생들이 통학했다. 귀국 사업*이 벌어지기 직전인 1959, 1960년쯤에는 학생 수가 약 1600명이었다. 운동장 한가운데에 조립식 주택을 지어 놓고 전쟁터 같은 상태에서 수업을 진행했다"[18]고 당시의 모습을 전한다. 큰아버지는 실로 그러한 중학교의 제1기생이었던 셈이다.

그곳에서 큰아버지는 중학 3년을 보냈는데, 2학년일 때 스이타(吹田) 사건**에 참가한다. 이 사건에 참가한 경위는 이러

---

* 1959년 12월부터 1984년까지 재일교포 9만 3000여 명이 북한으로 영주 귀국한 사업으로 이른바 재일조선인북송사업을 가리킨다.

** 1952년 6월 24일부터 25일까지 오사카부 스이타시(吹田市)와 도요나카 시(豊中市) 일대에서 한국전쟁 즉시 휴전, 군사기지 반대, 미군 철수, 군

했다.

아까 말한 거기서 말이다, 저…… 서금리에서는 제대로 잘하고 있었어. 제대로 잘했는데 공부는 아니야.

— 아, 예, 예.

활발한 활동이랄까……

— 아하, 기운이 넘쳤었나요?

응. 난 공부가 너무 싫었지만, 운동이라면 남보다 훨씬 뛰어났어. 뭐, 이를테면 축구 선수로 뽑히기도 하고, 또 뭐냐, 수영 선수도 되었지.

— 아, 그러셨군요.

그랬지. 이런저런 곳에 나갔는데, 스포츠를 무척이나 좋아했어. 운동회가 열리면, 예를 들어 자치회의 회장이나 학생회의 회장을 맡기도 했지. 이것저것 다 해 봤어. 보통은 그런 감투는 머리 좋은 애들이 맡지 않니? 난 그렇지도 않았는데, 말하자면 말을 똑 부러지게 하고 활발한 아이였어. 그래서 학생회장도 되고, 여러 가지 활동도 맡았던 거야. 그때 의장도 해 보고 말이야.

— 가 보지 않을래? 이런 식으로 하셨나요?

우리 가 보자, 이렇게 말했지. 뭐, 가 보지 않을래? 이런 식이 아

_____

사 수송과 군수산업 재개 반대, 징병 반대, 파병법 반대 등을 내걸고 발생한 사건과 이와 관련한 재판으로 일어난 사건을 가리킨다.

가족의 역사를 씁니다

니었어. 가 보자! 이렇게 세게 나갔지.

— 아, 선생님이 애들을 모아서요?

응. 그때는 그랬어. 이름이 있었는데, 그때 뭐라는 이름이었더라……

— 그룹 이름이 뭐였는지?

나로 말할 것 같으면, 음, 뭐였더라. PG였나? 뭐, 그런 모임이었어. 그런 걸, 그러니까 모임 같은 걸, 말하자면 단체 같은 것인데, 우리 학생 중에 머리 좋고 활발한 애들을 학교가 모은 거야. 뭐라 뭐라 하는 이름으로 말이지. 뭐라 하는 이름이었더라……

— 아, 그런 식으로 모은 거였어요? 어머나!

거기에 속한 아이가 다들 가 보자고 해서 그렇게 한 거야.

— 그러면 거기에 연락 모임 같은 거나 자치회 같은, 그런 모임이 있었군요.

응, 언제나 그런 게 있었어. 다들 모였어. 그런데 거기서 선생님에 대해서 들었어. 한국전쟁이 막 터진 때였는데, 스이타 사건이라는 건 그때였어. 도쿄로 무기를 보냈을 때야. 마침 시작했을 때라, 저…… 조선동란(朝鮮動亂), 그거 말이야.

— 예, 예.

1951년(실은 1950년)에 한국전쟁이 발발했는데, 스이타 사건이라는 건, 그러니까 몇 년이더라……

— 1952년이나 1953년이요.

그렇지, 1952년이나 1953년, 그때쯤일 거야. 1학년(실은 2학년)

때쯤이었어. 그때 일은 제대로, 그때 일은 이미 기억나지 않는 단다. 그런 지경인데, 선명한 기억이 나는 일은, 그런 식으로 다 모여서 가자고 했어.

— 그러면 때때로 그렇게 다들 모여서 서로 토론하는 것 같은 분위기였나요?

토론하는 것 같았지, 그 모임에서…… 머리글자를 딴 이름이었는데, 그게 뭐였더라.

— 그렇게 때때로 모였나요?

그렇지. 그 모임 회원들만 모였어. 거기 한(韓) 선생님을 중심으로……

— 아, 예, 공부 모임을 갖거나 토론회를 열거나……

맞아. 공부 모임이라는 건, 저…… 결국 말하자면 자본주의 사회의 나쁜 점을 공부했어.

— 아, 예. 과연 그랬군요.

너도 알지? 그런 거, 부자는 언제까지나 부자고, 노예 같은 처지는 그렇고…… 뭐, 그런 걸 공부했어. 그런 가르침을 받았던 거지. 한 선생님께!

— 아, 역시!

그런 공부는 참 그랬어. 우리도 그때는 애였으니까, 그렇게 배우면 쏙쏙 외워 버렸어. 그 당시는 일본도 사막 같은 곳이었지. [오늘날 일본은] 이미 어엿한 부자가 되지 않았니. [그 당시는] 가난뱅이였어. 집에 문짝도 없고, 제대로 밥 한 끼 먹지도 못

했어. 그런 시대였단다. 그러니까 스이타 사건 때 그런 선생님은 그렇게 교육하신 거야. 우리도 그런 시대니까 그렇게 배우고…… (2007년 10월 7일)

큰아버지 말씀으로는 당신처럼 기운찬 학생들은 어떤 단체든지 조직원으로 참여했다. 학생들을 지도하던 한 선생은 어느 민족단체에 속해 있었는지도 모르는데, 지금 와서는 그 사실을 확인할 도리가 없다.

1952년 2월 6일, 큰아버지는 다른 학생들과 함께 중학교를 출발해 간사이(關西) 대학 스이타 캠퍼스로 향했고, 그곳 집회에 참가해 시위대와 함께 스이타역까지 행진했다가 스이타역에서 전차를 타고 귀가했다.

큰아버지의 체험담이 일반적으로 이야기하는 '스이타 사건'과 어떻게 다른지, 다른 이유에 대해 어떻게 생각해 볼 수 있는지, 그리고 그 차이점을 통해 무엇을 알 수 있는지는 이미 논문으로 써 낸 바 있기에[19] 이 책에서는 되풀이하지 않겠다. 다만 후일담으로 이야기한 부분만 첨가해 두고자 한다.

그러고 나서는 저기 서금리 중학교에 갔더니 [경찰이] 한 선생님이 그렇다고(스이타 사건의 관련자라고 해서) 우리 이름을 다 알아내서 찾아왔더라, 이거야. 그 선생님을 잡아가려고 경찰은 줄곧 미행하고 있었어. 원래 그렇게 한단다. 그래서 선생님을 지키려고 우리 학생 여남은 명이 변장을 했어. 안경도 쓰고 뭐도 하고……

― 선생님처럼 보이려고 그렇게 했다는 건가요?

응. 우리는 그러니까, 그 선생님을 알아보지 못하게 하려고, 말하자면 그 선생님을 변장시키고, 또 우리는 우리대로 선생님처럼 보이도록 꾸며서는 학교까지 모시고 왔어. 하교할 때도 또 그렇게 모습을 꾸몄어.

저쪽은, 그러니까 경찰은 어떻게든 선생님을 붙잡아 가려고 했어. 도조(東城) 경찰서로 말이야. 중학교 관할은 도조 경찰서였거든. 그래서 도조서 형사들이 계속 학교에 드나들었어. 그렇지만 우리는 끝까지 지킬 수 있을 만큼 지켰지. 결국 경찰은 그 당시 손가락 하나 까닥하지 못했지. **(위와 동일)**

제일
괴로운 일

우리 아버지가 태어난 시기는 스이타 사건이 일어난 지 3개월쯤 지났을 때였다.

― 우리 아버지가 태어났을 때 큰아버지 연세는 몇이셨어요?

음, 그때는 나도 꽤 커서 중학생이었지. 중학교에 다니고 있었어. 네 아버지, 네 아비가 태어났을 때는……

옛날에는 그런 거, 네가 말하라고 하는 거, 글쎄다, 나더러 말하라고 하면, 뭐 좀 이상한 얘기가 되겠는데, 그때 내가 느낀 그대로 솔직하게 얘기하라고 하면, 왜 어머니는 이렇게 가난한 거지? 왜 이렇게 애들을 낳고 또 낳는 거지? 그해에도 내 생각은 그랬어. 지금은 그런 생각, 전혀 하지 않아. 그런데 그때는 어머니를 미워했어. 내 마음이 그랬다.

— 예. 왜 그렇게 또 낳느냐……

애들로 말하자면 여자도 많고 남자도 많았잖아. 내 생각을 말하면, 왜 그렇게 또 낳느냐, 이거였어. 그것도 이제야 말하지만, 그때는 애들 한둘 죽어도 그런가 보다 했어. 점점 더 싫어지는 거야. 그런 의미에서 말하는 거야. 애가 많으면 먹이고 키우는 것도 힘들잖아. **(위와 동일)**

'괴로운 일'은 오사카로 돌아오고 나서 가정이 화목하지 않았던 것이라는 말씀이 인상적이었다. 그것은 4·3 사건도 아니고 어른이 되어 힘들게 한 노동도 아니었다.

— 그러면 제일 괴로웠다든지, 싫었던 일은, 역시 그거였나요?

여기로 돌아와서 아버지와 어머니가 싸우던 일이야.

— 그때 어땠는데요?

내가 그런 쪽으로는 머리가 나쁘니까, 그때도 죽는다는 의미가 뭔지, 별로 잘 와닿지 않았어. 지금 말한 저기, 중학교 3학년 때였던가? 아무튼 그때도 죽는다고 하면 깜짝 놀랐어. 하지만 여기로 돌아와서 아버지, 어머니가 서로 맞붙어 싸우고, 형들이 손목을 비틀어 잡고는 밀고 당기고, 툭하면 그랬어.

— 큰아버지 형제들이⋯⋯

그러다가 이번에는 큰손과 셋손이 아버지하고 맞붙어 한판 벌였어. 아주 요란한 싸움이었어. 그런 건 정말이지 보기 흉했다. 제일 괴로웠어. 뭐, 죽자 살자 싸우는 거야. 그래서 집에 들어오고 싶지 않았지. 집에 오면 어머니는 일해야 하니까 돈 빌려 오라고 [하셨어].

그런데 또 일거리가 없어. 게다가 아버지는 도박에 손을 대. 그러면 셋손도 똑같은 짓을 하고, 돈 때문에 그러다가, 돈을 흥청망청 써 버리면, 그다음에는 주먹질이 오고 가고, 온통 엉망이야. 난 그런 게 제일 싫었어. 가족이 싸우는 거 말이다. 그것도 말다툼이면 그래도 괜찮지. 진짜 다투고 싸우는 일이 몇십 번이었는지 몰라. 어머니, 아버지, 형들과 아버지, 다들 싸우고 또 싸우고⋯⋯

정말이지, 지금 생각해도 소름이 끼쳐. 그게 제일 싫었어. 그래서 말이다, 그래서 아버지가 제대로 가장 노릇을 했느냐 하면, 우리 아버지는 당신이 해야 할 일을 제대로 하지 않았어. 맨날 도박에만 빠져 있었으니까. 결국 비참한 일만 있었던 거야. 너도 생각해 보렴.

음, 그 후에 생각해 보면, 나로 말할 것 같으면, 그렇게 교훈을 얻었으니까 싸우는 가정이라면 절대로 꾸리지 말자, 결혼하더라도 그런 가정이 되어 버리면 다 그만두자고 마음먹었어. 당시 여러 가정이 비참하다는 것을 두 눈으로 봤으니까, 두 번 다시 그런 가정은 만들지 말자 했지. 그래서 그걸 지금 이렇게 지키고 있는 거다. (위와 동일)

큰아버지는 도쿄 도립 조선인학교에 진학했지만 1년 만에 중퇴했다.

— 조선인학교를 중퇴한 이유는 경제적인 문제 때문이었나요?
월사금을 못 냈어. 기숙사에 들어가면 아침, 점심, 저녁밥이 나오는데, 그것도 먹지 못했어.
— 아, 그랬군요.
한 달에 2000엔쯤 냈던 것 같아. 그랬는데 가끔은 목욕탕에도 가고 싶고, 단것도 먹고 싶지 않겠니. 그러면 집에 편지를 보내서 돈 좀 보내 달라고 해. 그러면 8엔인가 보내 주었어. 등기 우편으로 보내면 학교로 와.
— 아하, 그렇군요. 그렇겠어요.
송금이 도착하면 직원실에 불려 가서 봉투를 열어 보여 줘야 해. 그러면 월사금이다 뭐다 다 제하고, 남은 돈만 돌려받지 않니. 그러면 안 되니까 편지 안에 끼워서 편지인 척하는데, 어머니는 글을 못 쓰니까 편지래야 가로로 줄만 몇 개 그어 놓은 거지만……

— 아, 이렇게 찍, 찍……

그런 것에 7엔인가 8엔을 끼워서 보내 주면, 그걸로 단팥빵을 사 먹거나 목욕탕에 가거나 했어. 그렇지만 그것도 한 달에 한 번이 안 되는 거야. 공부도 알아듣지 못하지, 친구도 없지. 그러니까 언제나 고개를 푹 숙이고 다녔어.

그런데 2학년이 되니까 이래서는 안 되겠다 싶었어. 선생님들도 월사금을 안 내면 월급 못 받을 것 아니냐. 그렇다면 그만둬도 되겠다는 생각이 들었지. 그래서 오사카로 돌아왔어. (2008년 5월 22일)

도쿄 도립 조선인학교는 1955년 사립 고등학교로 이관되었다. 따라서 큰아버지가 재학한 1954년은 도립 고등학교였던 마지막 시기에 해당한다.

차별을 인식한다는 것

큰아버지는 오사카에 돌아오자마자 일터로 나섰다. 나사를 만드는 공장에 허드렛일꾼으로 취직했다.

— 일거리는 어떻게 찾으셨어요?

일거리를 어떻게 찾았느냐면, 동급생 중에 나보다 훨씬 일찍 취직한 사람이 있었어. 그 애가 자기가 일하던 곳에 아는 사람이 있다고 소개해 준다고 해. 인사하고 면접 한번 보라고 하기에 가 봤지. 그랬더니 그 당시는 내가, 누가 보더라도 웬만큼 괜찮지 않았겠니. 번드르르한 허우대까지는 아니어도 건강 그 자체인 데다, 당시에도 몸집이 큰 편이었고, 잡일꾼으로 데려온 걸 보고 그쪽에서도 엄청나게 좋아했어. (2007년 10월 7일)

이 대목에서 나는 취직할 때 차별은 없었느냐고 여쭈었다. 큰아버지는 어안이 벙벙한 얼굴로 곧장 이렇게 대답했다.

특수한 기능, 그러니까 예를 들어 기술이 있다든지, 회사원이나 은행원이라든지, 그런 일자리는 어렵지. 머리 쓰는 직업에는 아예 가지도 않았고, 상대방도 면접은 봐도 써 주지 않아.

— 아아, 아……

그 당시 잡일꾼이라고 하면, 아무도 그런 일을 하려는 사람이 없었어. 그러니 사람이 부족하지. 언제든지 어느 회사에 가더라도 모집, 모집이야. 얼마든지 있어. 지금 생각해 보면 첫 번째 원인은 조선동란이고, 또 다른 사정 때문에 철강 관련 일이 대단히 바빴어.

— 그랬군요.

나중에 생각해 보니까 알 수 있는 거야. 그 당시에는 전혀 몰랐어. (위와 동일)

돌이켜 보면 어리석은 질문이었다. 고등학교를 중퇴한 재일조선인이 일본 기업에 취직할 수 없다는 사실은 큰아버지가 볼 때 지극히 상식이었다.

큰아버지는 차별을 느낀 것이 아니다. 다만 자신이 '특수한 기능직'이나 '머리 쓰는 일'을 할 수 있다고는 상상조차 못 했을 따름이다. 자기 뜻에 따라 처음부터 그런 곳에는 가지 않았다. 가령 본인이 그런 직업을 갖겠다는 뜻이 있었다고 해도 상대방이 "면접은 봐도 써 주지 않는" 것은 당연했다.

인터뷰 과정 중 듣는 이에게는 차별이라고 느껴지는 상황에 대해 구술자가 '차별이 아니라고' 한다면, 그 발언을 어떻게 이해해야 좋을까? 판단에 어려움을 느끼는 조사자도 있을지 모른다. 그러나 이때 나는 조금도 당황하지 않았다.

차별은 '차별'로서 느껴지기 이전에 일상생활의 전제로 이미 깔려 있었다. 그것은 평소 생활 속에서 이질감을 불러일으키거나 유별한 일이 아니라, 일상생활의 바탕을 이루는 요소 자체였다.

큰아버지가 아무 고생도 없이 나사 직공으로 취직할 수 있었던 이유는 다름 아니라 "아무도 그런 일을 하려는 사람이 없었"기 때문이다. 이런 상황이야말로 취직 차별인데도 큰아버지는 차별이라고 인식하지 못한다.

내가 아까 '어리석은 질문'을 했다고 기술한 이유는 큰아버지와 나 사이에 '차별'은 다를 수밖에 없다는 당연한 사실을 내가 까맣게 잊고 있었기 때문이다. 현재 나는 내가 '머리 쓰는 직업'을 가진 데 아무런 의문을 품지 않는다. 기업이 나를 "면접은 봐도 써 주지 않는" 일을 당한다면 격노할 것이다. 내가 보기에 나 자신과 일본인은 경제적으로나 학력적으로나 다르지 않은 게 당연하기 때문이다.

큰아버지는 이런 상황을 상상조차 하지 못했다. 나는 이토록 단순한 사실을 잊고 큰아버지와 내가 똑같은 출발선에 서서 일자리를 찾았다고 생각했다. 그렇다! 큰아버지와 동시대를 살아가던 히가시오사카(東大阪)의 일본인 노동자가 아니라 2007년의 대학교 4학년이었던 나를 염두에 두었던 것이다.

허드레꾼에서
기술자로

한국전쟁으로 일본의 공업은 현저히 부흥했다. 1950년 10월에는 전쟁 전(1932~1936년 평균) 수준을 회복했고, 다음 해 3월에는 생산량이 전쟁 전에 비해 20퍼센트나 증가하는 수준까지 비약적으로 상승했다. 섬유, 화학, 기계, 금속, 제재 같은

업종이 다 생산을 확대했지만, 특히 생산이 활발해진 업종은 철강과 기계였다.[20]

당연히 생산 증가는 고용 증가로 이어졌다. 한국전쟁 후 기계·금속 공업부터 고용 확대가 일어났고, 1951년에 들어서서는 모든 산업에서 고용이 증가했다. 1953년에는 철공업 생산이 16퍼센트 신장해 세계 1위를 자랑했다.

허드렛일이란 철판을 쌓아 놓고, 그걸 가지고 옮겨서 다시 내려 놓고, 게이지로 밀리미터까지 재는 일인데, 엄청나게 힘든 일이야. 이쪽 물건을 저쪽으로 가지고 가기도 하고, 물건이 완성되면 깨끗하게 기름으로 씻어서 차곡차곡 넣기도 하고, 50킬로짜리 부대에 끈을 넣어 단단하게 묶어서 쌓아 놓기도 해.
— 50킬로라니!
짐을 부릴 때는 다들 어깨에 짊어지고, 그걸 메고 차 있는 곳까지 뛰어갔다가 뛰어왔다가…… 두 자루면 100킬로야. 나는 언제나 세 자루, 그러니까 150킬로를 짊어졌어.
— 우와, 그렇게나 무거운 걸……
그러니까 그런 일터에서는 나를 얼마나 좋아했다고. 뭐, 말하자면 척척 일을 잘한다고 말이야. 그런 곳은 한 달에 하루만 쉬게 해 줘. 나머지는 땀이 마를 새 없이 일하고, 5시 이후에는 잔업까지 해. 하지만 나는 언제나 한 시간이나 두 시간만 잔업을 하고 집에 왔어. (위와 동일)

보수는 하루 200엔 정도였던 듯하다. 1950년대 중반의 물가는 커피 한 잔에 20엔, 맥주 한 병에 120엔 정도였다.

4~5년 사이에 기술자가 되었어. 집에서 가까운 기타타쓰미(北巽)에 E금속이라고 있었는데, 그때부터 거기서 기술자로 일했어. 그곳은 조선 사람 공장이야. 우리가 조선인이니까, 저쪽도 그런 의미에서는 사람 쓰기 좋았을 거야. 기술자로 일하던 때 일당은 잊어먹지도 않아. 그때 하루에 380엔 받았어. 380엔씩 받고 잔업도 하고 그러면 대강 한 달에 1만 5000엔이나 1만 6000엔쯤이지. (위와 동일)

허드렛일꾼 시절에는 집에 밥값을 보태는 것만으로도 빠듯했지만, 웬만큼 살 만한 돈이 들어오면서 저금도 할 수 있었다. 그렇지만 박성규 큰아버지는 어머니의 권유로 계(契)에 들었다. 은행 융자를 받기 어려운 재일조선인 사회에서 계는 은행을 대신했다.

계라는 게 있었는데 어머니가 들어 달라고 하셨어. 1만 5000엔이나 1만 6000엔 받잖아. 그러면 1만 엔은 계에 넣어. 밥값을 3000엔이나 4000엔 내야 하니까, 내 용돈은 1000엔이 될까 말까 해. (2008년 5월 22일)

용돈은 "뭐, 중국 민요나 소련 노래 부르는 합창 다방"*에
다니는 데 썼다.

당시의 큰아버지 모습이 찍힌 사진을 딱 한 번 본 적이 있
다. 박준자 고모의 결혼식 사진이었다. 큰아버지 가족이 기세
좋게 모여 있는 모습은 말로 표현할 수 없을 만큼 위압감이
느껴졌다. 큰아버지 본인은 대단히 성실하고 술보다 단팥빵
을 좋아했다. 어디까지나 당사자의 고백이긴 해도 확실히 큰
아버지는 단팥빵이나 앙미쓰**를 좋아했다.

돈놀이꾼의
경호원

큰아버지는 1960년에 나사 공장을 차렸고, 25세에 결혼했다.
남동생 두 명을 고용하고 어머니를 공동 경영자로 삼고는, 본
인은 공장 위층에 살림을 차렸다.

1969년, 할머니는 혼자 제주도로 돌아가겠다고 결정했다.
큰아버지는 형제 중 유일하게 이제 막 고등학교에 들어간 우

---

* 손님 전원이 합창하도록 꾸민 다방으로, 1955년쯤 도쿄 등 일본의 대도
시에서 유행해 1970년대에 쇠퇴했다.
** 화과자의 일종으로 깍둑썰기한 우뭇가사리묵에 삶은 팥, 각종 과일, 떡,
꿀, 아이스크림 등을 얹은 일본 음식.

리 아버지를 거두었다.

아무리 기술이 있어도 제일 큰 문제는 돈이야. 가까스로 납품하고 나서는, "현금 주세요. 값을 싸게 쳐도 좋으니까" 하는 거야. 이러니 이익이 나지 않아. 어느 정도 이익을 내고 싶으면 한 달 묵혀 두고 한 달 후에 수금하는 시스템이어야 하는데 말이야.

— 후우, 그렇군요.

난 언제나 그 시스템을 위반했어. 돈이 없으니까. 먼저 돈을 달라고 하면 상대가 값을 후려치는 거야. "에누리 좀 해 줘." 그러면 "예, 예" 굽신거리면서 해 달라는 대로 해 주는 거야. (2008년 7월 22일)

사정이 이러하다 보니 큰손의 꼬임에 빠져 도박에 손을 댄 적도 있다.

"아이고, 그렇게 해서 한 푼 두 푼, 이렇게 해서 한 푼 두 푼, 그런 식으로 돈을 벌어 봤자 2, 3만 엔 버는 것도 힘들지 않냐?" 이렇게 꼬드기더라. 극단적인 얘기지만 도박은 5만 엔 들이부어서 운이 좋으면 5만 엔을 손에 쥘 수 있지 않니. 세상 편한 일이지. 그래서 재료 살 돈을 들고 가서 두 배로 불려 와야지 했던 거야.

— 아, 그래서요?

뭐, 깨끗하게 털리고 돌아왔지.

— 아이고, 아이고……

차마 집에 들어가지 못했어. (위와 동일)

그토록 퍽퍽한 경영 상태(와 도박)에 오일쇼크가 덮쳤다. 1973년 35세 때, 큰아버지는 공장 문을 닫고 아내의 친척에게 몸을 의탁하러 도쿄(東京)로 혼자 이주했다.

파친코 가게와 다방을 경영했지만 그다지 장사가 잘되지 않아 2년 후 오사카로 돌아왔다. 그 후 몇 달 동안 마작 오락실을 경영할 무렵, 나사 기술자로 일할 때 알고 지내던 친구가 금융업에서 일해 보지 않겠느냐고 제안했다.

솔깃한 얘기잖아. 이유 없이 그런 얘기를 할 리 없지. 그 사람들은 착각했던 거야.

— 착각이요?

척 보면 돈놀이하는 거잖아. 나를 경호원 대신 쓰려고 한 거야.

— 후후 (2007년 10월 7일)

그래서 큰아버지는 돈놀이꾼의 경호원으로 일하기 시작했지만, 이 일도 비교적 금방(얼마나 근무했는지는 알 수 없으나) 그만두었다.

그 경위는 다음과 같다. 어느 날 큰아버지는 다카라즈카(宝

塚)에 있는 일본인 농가에 갔다. 그 집 아들이 큰아버지의 고
용주에게 돈을 빌리고서 사라졌기 때문에 부모에게 대신 돈
을 받아 내기 위해서였다.

그때 울며불며 "이 집에서 조상 대대로 살아왔소. 땅은 가져가
도 좋은데, 이 집만큼은 남겨 주시오" 하는 거야.

— 아……

옆에서 친척들은 "너희들이 돈을 빌려준 게 잘못 아니냐?" 하고
우리를 책망했어. 할머니와 할아버지가 나란히 서서, "아들이
자위대입니다. 돌아와서 살 곳이 없으면 어떡합니까?" 하더라.

— 좀 딱하게 되었군요.

그때 내가 "이봐요, 무슨 말을 지껄이는 거야? 갚을 돈이 있으면
갚아야지" 하면서, 이렇게 바깥에 서서 나오는 걸 기다리고 있
었어.

— 아, 그, 같이 간 사람들이 나오기를요?

그렇게 하니까…… 그 사람들은, 그런 지경인데 겁을 주면서,
"집이든 뭐든 파는 게 당연하잖아" 하더라고. 그 모습을 보니까,
그 두 놈, 그렇게 악질일 수가 없어. 나쁘다는 생각이 들었지. 난
한마디도 하지 않았어. 난 도저히 그런 짓을 못해.

— 그러면 아무 말도 하지 못했네요.

그랬더니 이틀인가 사흘 뒤에 돈을 돌려 달라고 하더라. 그렇지
뭐, 아무 도움도 안 된다는 거지. 무슨 말인지 알아들었지. (위와

동일)

그 후 큰아버지는 다른 친구와 함께 산업폐기물 처리 공장을 차렸다. 그 공장은 머지않아 웬만큼 자리를 잡았고, 큰아버지는 또 동생과 조카 들을 고용했다. 우리 엄마가 처음으로 큰아버지 가족을 만난 때가 이즈음이었다.

전형적인
삶을 살다

어떤 의미에서 큰아버지는 전형적인 삶을 살았다. 제주도와 오사카를 오고 가고, 4·3 사건을 체험하고, 서금리 중학교를 다니고, 스이타 사건에 참여하고, 도립 조선인학교를 다니고, 금속 공장·파친코 가게·다방·마작 오락실·금융업·산업폐기물 처리 공장 등등 재일코리안에게 익숙한 직종을 섭렵했다.

동시에, 오사카에 돌아온 뒤로는 가장으로서 성장했다. 적어도 내게는 그런 식으로 자신의 인생을 표현했다. 자신이 경영하는 공장에 동생과 조카 들을 고용하고, 형으로서 막냇동생을 보살피고 대학에 보냈다.

셋째였지만 장남 대신 제사를 물려받았다. 아무래도 할머니가 오사카를 떠날 때 심방(제주도에서 무당을 부르는 말)에게

"장남에게 제사를 맡기면 제사가 끊어질 테니 삼남에게 맡기세요" 하는 말을 들은 듯하다.

박성규 큰아버지는 가사와 육아는 완전히 부인에게 맡기고, 손주를 무척 사랑하고, 제주도 친척들과 교류를 거르지 않고, 무슨 일이든 약간(상당히?) 과장해서 이야기하는 분이다.

— 그러면 큰아버지는, 음, 확실하지는 않아도, 뭐라고 해야 할까…… 인생에서 제일 즐거운 일은 뭐였어요? 기뻤던 일, 좋았던 일이요.

좋았던 일이라면 방금 말했던, 한국에 살 때, 그러니까 잠시뿐이었지만 소학생이었고, 뭐 일본에서 왔으니까 한국어로 말도 잘하지 못했는데 말이야. 그렇지만 운동화를 신을 수 있었어. 부자였으니까. 그래서 애들한테 따돌림도 당했지. 소학교 다닐 때는 그렇게나 따돌림을 받았는데, 결과적으로는 둘도 없는 친구들이 되었어.

그런 일은 이제 다 옛날이야기가 되어 버렸구나. 한국에 가는 게 나한테는 엄청난 일이란다. 지금도 한국에는 그 친구들이 그대로 있기도 하고 그러니까. 그 친구들이 말하더라, 박성규는 성공했다고. 자기들보다 생활이, 말하자면 자기들보다 돈을 펑펑 쓸 수 있다고 말이야. 그런 면은 모두들 잘 알고 있어. 그래서 거기 가면 내가 한턱내지. 뭐, 그런 건 척 보면 척 아니까.

그런 건 그렇다 치고, 지금 말한 것처럼, 지금 돌이켜 볼 때 제일 즐거웠던 일, 즐거운 인생이라면 바로 여기, 방금 말한 대로, 방과 후에 천둥벌거숭이로 날뛰고 운동한 거야. 집안이야 가난하고 변변하게 먹을 것도 없었지만 말이다. 학생 시절이랄까, 소학교 때는 저쪽에서 좀 잘 산다고 따돌림도 받고 그랬지만, 이리로 와서는 중학교에 들어가서, 벌써 말했지만, 성격도 활발해지고 일본어도 유창해졌어. 그 시절에는 서로 반찬 집어 먹겠다고 다투면서 밥상에 둘러앉았어. 누가 빵이라도 먹는다 싶으면 서로 뺏어 먹으려고 하고, 누가 사 온 빵에다 침을 발라 놓고 자기 거라고 우기고, 그랬어. 그런 시절이 제일 즐거웠던 것 같아.

방과 후에 축구 연습도 하고, 그런 게 즐거웠지. 그때 주장이 바로 나였어. 그럴 때가 제일 좋았어. 학교에 가는 건 공부가 좋아서가 아니야. 토요일은 오전만 가고, 점심때는 집에 올 수 있었어.

집에 오는 게 가장 좋았어. 먼지 뒤집어쓰고 돌아와서 전부 수 돗가에서 씻어 내고 나서 친구네로 가는 거야. 미도리바시(綠橋) 근처였어. 서금리 중학교에서 가까웠지. 걸어서 갔어. 그렇게 해서 다른 사람과 놀기도 하고, 밥을 얻어먹는 일이 즐거움이었지. 그쪽 부모도 날 무척이나 귀여워하셨어. 자기 아들이 따돌림당할 때 내가 도와준 적이 있거든.

그래서 지금 돌이켜 보면 그때가 제일 즐거웠어. 그다음으로는…… 이런 말은 좀 그렇지만, 뭐, 결혼하고, 일하고 또 일하고,

이런저런 일 다 겪었잖아. 말로 하면 좀 그렇지만, 형제 중에서는 뭐, 자기 노력도 있었을 테고, 부모에게 물려받은 재산도 없지만 내 나름대로 노력해서, 말하자면 이 집도 내 힘으로 샀고, 땅도 샀어. 저쪽에 작은 건물이지만, 7층짜리 건물도 샀단다. 그렇게 해서 지금 난 생활의 여유, 시간의 여유, 내 인생에서 제일 여유가 있다고 생각해.

— 그러시군요.

응. 이제까지 살아온 중에 제일 그래. 자식 넷이 다들 괜찮아. 아무도 부자라고 말하지는 않지. 자기 스스로 전부 잘되었어. 그래서 지금이 제일 좋아. 그다음엔 학생이었을 때가 좋았고 말이야.

— 앞으로 바라는 일이 있다면, 지금의 생활을 계속 유지하시는 걸까요?

그뿐이야. 이제 와 뭘 더 바랄까? 욕심내서 돈을 더 원한들, 나이가 몇인데? 이제 일흔이야. 내가 1938년생이니까, 그렇지, 이제 일흔…… 오싹해, 내 나이를 생각하면, 깜짝 놀라. 내 나이 일흔이라고는 생각하지 못해. 정신 연령이 그렇지 않으니까, 지금도 그래.

— 큰아버지는 연세보다 훨씬 젊어 보이시는걸요.

무슨 소리! 그래서 지금도 그거 뭐냐, 클럽에는 가지 않아. 더는 즐겁게 가서 노래하고 뭔가 하는 게, 아까도 말했지만, 내가 그 장사에 손을 댔다가 잘되지 않았잖아. 그때 그놈은 그런 식으로 날 속였어. 참, 갖가지 일이 있었네. 다들 그러고 사는 거지.

야구 도박도 했었지. 따기도 하고 잃기도 했지만, 그런 일은 일절 그만두었어. 그리고 지금 말했지만, 그럭저럭, 알지? 큰돈 말고, 인간 욕심은 한이 없으니까 말이야. 더 갖고 싶다는 마음 때문에 실패하는 거야. 그렇게 자칫 잘못 나가다 보면 그렇게 돼.

그야 그렇겠지만, 내가 보기에 일본, 이 큰아버지는 일본이 세계 제일이라고 생각한단다. 배우도 그렇고 여배우도 그렇고, 돈이 쌓여 있잖아. 다른 장사를 했다가 실패해도 이상하지 않아. 이건 배우, 배우들 일만은 아니야. 다들 사치스러우니까.

그러면 넌 욕심이 없느냐, 그렇다고 하면 그야 거짓말이야. 나도 욕심이 있으니까 온갖 일을 해 본 거야. 그렇지만 지금 도박이나 마작이나, 아는 사람끼리 놀아 본 지도 10년이나 지났어. 그런 놀이는 그만두었고, 지금 말한 것처럼 다른 욕심은 없어. 그렇게 생각은 하는데, 그래도 기분은 가라앉아.

그런 일은 다 체념하고, 자기 수입으로 매달, 이를테면 20, 30만 엔 쓸 만큼 수입이 있으니까, 나 하고 싶은 대로 하면 좋다고 생각해. 뭐, 이런 생활을 유지하고 싶을 뿐이야. 안사람한테도 생활비, 딱 정해진 대로 주면 아무 문제 없어.

네 큰어머니는 아무 문제 없어. 지금 일하는 것도 그렇고, 가령 장사가 잘되면 아들한테 다 물려주자고 생각해. 저기, 제일 막내 아들 말이야. 절대로 돈에는 손대지 않아. 돈은 뭐, 지금으로는 내가 알아서 하는데, 빨리 전부 줘 버리자 생각해. 그래서 지금 말하고 있지만, 학생 시절만큼은 아니어도 지금이 제일 마음이 편해. 그래서 이런 말은 한 적이 없지만, 그저 애들이 잘되었으면 좋겠어. 그것뿐이야. **(위와 동일)**

큰아버지는 2011년 4월에 돌아가셨다. 내가 결혼식을 치른 지 얼마 안 되어서였다. 결혼식 전에 큰아버지를 뵈러 갔다. 무척 야윈 모습이었지만 댁으로 결혼 상대를 데리고 가서 큰아버지, 큰어머니께 인사드릴 수 있었다.

큰아버지가 돌아가시고 나자 당신이 생전에 예상하던 대로 우리 친척들에게는 중심인물이 없어졌다.

두 번째 인터뷰 때 패밀리레스토랑에서 큰아버지는 "뭐든지 먹고 싶은 것을 주문해라" 하셨다. 나는 왠지 모르게 사양하고 음료 코너에서 가져온 홍차밖에 마시지 않았다. 이제 와 돌이켜 보니 참으로 후회막급이다. 앙미쓰든 파르페든 먹었어야 했다. 바보 같았다.

그러고 보니 그때 큰아버지는 패밀리레스토랑 안에서도 선글라스를 끼고 있었다. 왜 언제나 선글라스를 끼고 있었을까? 큰아버지가 눈에 넣어도 아프지 않을 만큼 귀여워한 손주 말에 따르면 "멋있어 보이고 싶어서"였다고 한다.

그러고 보면 박성규 큰아버지는 눈빛이 날카롭고 박력은 넘쳤지만, 눈은 약간 동글동글 귀염성이 있었던 듯하다. 아니, 내가 그렇게 느꼈을 뿐인지도 모른다.

가족의 역사를 씁니다

제5장

말할 수 없는 이야기
— 박준자 고모

박준자 고모의 이야기를 들어야겠다는 생각은 별로 없었다. 박성규 큰아버지에게 "도시코 고모에게 옛날이야기를 좀 들어 볼까 하는데요" 하고 말씀드렸을 때, 큰아버지는 "무슨 얘기를 듣겠다고 그러니? 그 아이는 아무것도 기억하지 못할 텐데" 하는 반응이었다. 아버지에게 박준자 고모의 연락처를 물었을 때도, "도시코 누나가 옛날얘기를 할 수 있을까?" 하는 말을 들었다.

박준자 고모는 고모 중에서는 제일 어린데 10형제 중에서는 여덟째다. 고모 아래로 박원규 큰아버지와 우리 아버지가 있다. 다들 박준자 고모를 가볍게 여기는 경향이 있다. 형제자매 가운데 나이가 어리고 여성이기 때문일까.

제사를 지내던 날, 박준자 고모에게 "고모도 나중에 한국에서 이리로 건너오신 거죠?" 하고 물었더니 그렇다고 했다. 그렇다면 이야기를 들으러 가 봐야지 싶었다.

나이 들어 낳았으니까

도시코

JR 모모다니(桃谷)역 앞 상가까지 고모가 마중 나와 주셨다. 고모는 선명하고 밝은 분홍색의 자라목 긴소매 티셔츠에 표범 무늬 발목 토시를 차고 있었다.

　고모 댁에 들어갔더니 무슨 연유인지 아주 차가운 우유를 내주셨다. 난 우유를 별로 좋아하지 않지만 감사한 마음으로 마시기로 했다.

　— 어디에서 태어나셨는지 기억하세요?

　후세의 에이와(永和)라는 곳이라고 들었어.

　— 어머, 그래요!

　응. 후세의 에이와에서 태어났어. 어머니가 그렇게 말씀하신 것 같아. 전쟁이 끝났을 때였는데, 전쟁이 끝나면 남자아이를 낳아야 배급을 잘 받을 수 있다는 말이 있었나 봐.

　— 그랬어요?

　응. 그런데 여자아이를 낳은 거지. 우리 어머니가 마흔둘(실제로는 43세)에 날 낳았어. 그러니까 요시카즈(우리 아버지)와 원규(아버지의 바로 위 큰아버지)는 아직 출생…… 태어나지 않았어.

　— 그렇겠군요.

나이 들어 애를 낳았다고 이름을 도시코[*]라고 붙였다고 해. 어머니가 직접 그렇게 했다고 하셨어. (2008년 3월 25일)

호적을 조사해 보면 고모가 태어난 해는 1944년 2월이다. 호적을 제출한 곳은 확실히 오사카부 후세시(布施市)다. 1939년 시점에 우리 가족은 전라남도 제주도 조천면 신촌리에서 고베시 후키아이구(당시)로 이주했기 때문에, 5년 동안 어딘가에 있다가 오사카로 이주했다는 것을 알 수 있다.

박준자 고모는 가족이 오사카에서 와카야마로 옮겨갔던 일도, 그 후 제주도로 돌아갔던 일도 기억하지 못한다.

고모의 가장 오래된 기억은 제주도 조천면 신촌리에서 살았던 일이다. 그때 고모의 양친, 즉 우리 조부모는 아들들만 데리고 오사카로 밀항했다. 박준자 고모는 신촌리 남성과 이미 결혼한 몸이었던 제일 큰언니, 즉 박난희 고모가 보살피고 있었다.

---

[*] 일본어로 '俊子[준자]'를 발음했을 때 '도시코'이기도 하지만, '나이'를 뜻하는 일본어가 '도시(とし)'이기도 함.

친구가
있었어

"친구들과 어떤 놀이를 했어요?" 하고 여쭈었더니 고모는 이렇게 대답했다.

저…… 돌멩이를 모아. 잔뜩 모으잖아, 돌멩이를, 조그만 자갈을 많이 주워 와서 한바탕 늘어놓고, 사방치기도 하고, 글씨를 쓰기도 하고 놀았어. 뭐, 그런 놀이였지.

— 동갑내기 애들이 꽤 있었나요?

있다마다!

— 아, 그랬어요?

응. 그때 우리는 함께 놀았어. 재순이라고, 지금도 이름을 기억해. 다 자랐을 때 어딘가로 가 버렸어.

— 아, 그러시군요.

그 애, 그 아이는 학교에 다녔어. 일본으로 가고 싶다고 했어. 결혼하면서 헤어졌는데, 얼굴이 예쁜 아이였어. 그런데 보니까, 결혼에 실패해서 머리가 이상해진 거야. 병이 들었을 때, 내가 다 커서 어른이 되었을 때, 몇 번인가 제주도에 간 적이 있어.

— 그러셨어요?

응. 그 애를 만났어. 그런데 딸아이가 생겨서, 또 헤어졌어. 일

가족의 역사를 씁니다

본에 가고 싶다고 하더라고. 우리 집에 말이야. 불러 달라고 했어. 나도 오라고 하고야 싶었지. 집에 와서 남편한테 말했어. 친구를 이리로 오라고 하고 싶다고 말이야. 그랬더니 그렇게 할 만큼 한가하냐고 화를 내더라. 그러니 어디 부를 수가 있어야지. 부르고 싶지만 못해. 내 마음이야 여기 오라고, 부르고 싶다고 생각한 적이 있었지. 그런데 지금은 어디로 갔는지 알 수가 없어.

— 그렇군요.

벌써 예순이잖아. 그때는 서른쯤 되었을 때니까.

— 음, 음. 아직 젊었네요.

그럼, 젊었지. 그런 친구도 있었어. 어릴 때 함께 놀았던 사이좋은 친구 말이야. (위와 동일)

갑자기 가슴이 먹먹해지는 이야기를 듣고 말았기 때문에 어떻게든지 화제를 돌리고 싶었다. 역사 이야기를 물어보려고 화제를 바꾸어 보았다. 그러자 또 예상치 못한 이야기가 들려왔다.

— 고모가 어릴 때 제주에서는 이런저런 큰일이 일어났다고 들었는데요. 그런 험한 분위기를 느낀 적이 있는지요?

먹을 것이 없었어. 전쟁이 끝나고서 먹을 것이 없으니까 힘들었지. 배가 고파서, 그래서 저…… 고구마를 말린 검은 가루가 있는데, 제주에서는 범벅*이라고 불렀어. 그걸 먹었지. 배가 고팠던 일은 똑똑히 기억해. **(위와 동일)**

4·3 사건
이후

박준자 고모의 이야기에는 전쟁도 4·3 사건도 나오지 않았다. 그러나 4·3 사건 이후 살아남은 제주도 사람들에게 빈곤과 기아가 닥쳤다는 사실만은 알 수 있었다.

1950년 6월 한국전쟁이 발발하자 제주도에는 한반도 남부 지방에서 10만 명이 넘는 피란민이 몰려왔다. 1952년에는 가뭄과 태풍으로 가을 수확이 절반으로 줄었고, 구호 식량의 배급을 둘러싸고 내륙에서 건너온 피란민과 도민 사이에 갈등이 생겼다. 다음 해에는 구호 식량 지급 대상자가 4만 2000명에 달했고, 섬 안에는 거지와 도둑이 걷잡을 수 없이 늘었다.[1]

신촌리의 상황도 비참하기 짝이 없었다. 『신촌(新村) 향토사』에 따르면 1970년대 초까지 마을의 상황은 이러했다. "주거 환경이나 촌락 정세는 4·3 사건의 강력한 영향으로 사람

＊ 늙은 호박이나 콩, 팥 따위를 푹 삶은 다음 거기에 곡식 가루를 넣어 쑨 음식.

들은 뿔뿔이 흩어지고, 무질서한 모습이었고, 초가지붕을 방치했다." "하수도 시설이 없어서 비가 오면 하수가 넘쳐나 종종 보수에 나서야 했다." "농촌의 길이 좁아 우마차가 다니기도 어려운 탓에 수확기가 되면 비생산적 방법으로 농작물과 영농 자재를 운반해야 하는 등 애로가 한둘이 아니었다."

그뿐만이 아니었다. "1970년대 이전까지 평균 소득 수준은 20만 원 미만에 불과했고, 마을 주민들은…… 일하려는 의욕도 없고 빈곤한 생활을 벗어날 수 없었다." "내일의 희망을 바라는 정신은 찾아볼 수 없었고, 각종 허례허식과 낭비에 몰두했다."[2]

— 아, 그러면 고모는 계속 신촌에……

신촌 언니 집에 있었어.

— 큰언니(난희 고모) 집에요?

응. 그곳에 있었어. 몇 살이었더라? 열 살인지, 아홉 살인지, 학교에 다녔어. 1학년이었을 거야. 그건 기억해. 제주도에서 학교 다닌 일……

— 그곳에서 소학교에 다니셨어요?

응, 소학교에 다녔어. 그런데 가 보니까, 이런 책상이 아니라, 저…… 그 뭐냐, 바닥에 납작하게 놓는 거더라고. 아래에 뭔가 깔아 놓고, 돗자리도 아닌데, 뭔지 깔았어.

— 그러면 일단, 뭐랄까요, 건물은 있었어요?

응, 있었어.

— 교실은 있었군요.

그렇지, 그렇고말고.

— 책상은 없고요.

책상이 없었어. 학교에 가니까 이름을 불러. "월사금 가져왔습니까?" 하고 묻더라고. 월사금 없다고 하니까 집에 가서 가지고 오라 해. 출석은 다음이고 월사금 얘기야. 월사금 없다고 했더니 집에 가서 가지고 오라고 해서, 가방이랑 공책이랑 연필이랑 다 놓고 왔어. 겨우 1학년이었는데 말이야.

그렇게 집으로 돌려보냈어. 학교에서 돌려보내. 내일 가지고 오라고 하면 좋을 텐데, 지금 당장 가지고 오라고 쫓아내는 거야. 그래서 집에 가니까 언니가 학교에 안 가도 된대. 아기나 보라고 해. 저…… 언니가 아기를 낳았거든. 지금 창수(나와 사촌지간인 남성으로 난희 고모의 장남)라는 아이가 갓난아기였을 때야.

— 아, 예, 예, 알아요. 거기서 지금 일하고 있다는……

그래, 제주도에 있지. 그래, 그 아이가 갓난아기였을 때 아이 보기를 하라고, 학교에는 안 가도 된다고 해. 그런데 가방이랑 공책이랑 연필이랑 학교에 다 놓고 왔으니까, 친구가 언제나 갖다주었어. 자기 집에 돌아가는 길에 말이야. 다음 날도 학교에 가면 똑같은 일이 벌어지잖아. 그래서 학교는 안 가도 된다고 하니까, 뭐 겨우 1학년은 다녔지만, 결국 안 갔어.

— 아이고, 그러면 1학년 때, 1년 동안 안 갔어요?

1학년, 학교에 들어간 일은 기억해.

— 예, 예. 입학식이 있었나요?

입학식을 치렀는지는 기억하지 못하는데, 뭐, 학교에 간 일은 기억하고 있어. (위와 동일)

고모가 입학한 학교는 박성규 큰아버지가 다닌 신촌 국민학교다. 이 소학교의 역사 기록을 살펴보면, 1950년 8월 1일에 학교 명칭을 신촌 공립국민학교에서 신촌 국민학교로 변경했다. 이 소학교가 "방화로 교사(校舍) 및 비품 일체가 다 타버린" 것이 1949년 1월 19일이다. 학교를 재건하기 시작한 시기는 그로부터 3년도 더 지난 1952년 11월 16일이다. 학교의 기록에는 이날 "교사사교실목조와즙복구준공(校舍四教室木造瓦葺復舊竣工)"이라고 되어 있다.

고모가 입학한 것은 이날 이후였을까. 당시 대한민국에는 의무교육 제도가 아직 도입되지 않았기에 학교에 다니기 위해서는 수업료가 필요했다. 고모가 살던 가정에는 수업료를 낼 여유가 없었다.

'무서운 일'의
의미

1951년 시점에 제주도에서는 실질적으로 무장투쟁이 끝나가고 있었다. 따라서 고모가 학교에 들어간 무렵에는 소학교가 학교의 기능을 재개하기 시작했다는 말이 된다.

고모에게 제주도에 관한 이야기를 좀 더 물어봤다. 난 이때에도 4·3 사건 이야기가 전혀 나오지 않는 것을 의아하게 여겼다.

그러니까 그동안 학교에 갔다가 쫓겨 왔다 했으니까, 한글도 몰라. 기초를 배우지 못했으니까 그럴 수밖에…… 학교에 가지 못했으니까.

— 그러면 그곳에서, 뭐라고 할까, 친구들과 놀거나 하는……

맨날 놀기만 했지.

— 아, 그러셨어요?

응. 그러니까 언니가 뭐더라, 저…… 담배를 팔기도 하고, 돼지 끌고 와서 키우기도 하고 그랬어. 어린 돼지 있잖니. 그리고 고무신도 팔고, 그런 장사를 했어.

— 담배 팔거나, 신발 팔거나, 돼지 키우거나……

맞아, 그런 일을 했어. 일주일에 한 번, 저…… 가게가 있어. 그때 팔러 가는 거야. 매일 아니라…… 먼 곳이니까.

가족의 역사를 쓴다

— 가게라기보다는 시장 같은 곳 아닌가요?

아, 그렇지. 맞아, 맞아. 일주일에 한 번이야. 언니가 그런 곳에 갔어. 그래서 늦게까지 돌아오지 않으면, 내가 길에 나가서 계속 넋 놓고 서서 언니를 기다리기도 했어. 그렇게 했어. 응, 학교도 가지 않았으니까. (위와 동일)

이런 식으로 이야기가 흘러가는 가운데 아무리 기다려도 내가 기대하는 이야기는 나오지 않았다. 난 "무서운 일은 당하지 않으셨어요?" 하고 질문해 봤다. 지금 돌이켜 보면 바보 같은 질문이었다. 고모는 이런 식으로 대답했다.

무서운 일 말이니? 그건, 언니의 남편이 말이다, 군대에 간 일이 있었지.

— 아, 역시!

언니의 남편이 군대 갔다가 돌아왔는데, 그때 언니는 술을 잔뜩 빚어서 팔았어. 바깥에 나가서 열심히 술을 빚지 않았겠니. 냄새가 나면 안 되니까. 경찰이 돌아다니면 밀주가 들통나니까, 몰래 숨어서 열심히 술을 빚어 놓고, 나중에 팔려고 소중하게 간수해 놓으면 말이다. 그 사람이 군대 갔다 와서 친구들 우르르 데려와서 마셔 버리는 거야. 전부 다!

— 아이고, 그랬어요? 장사 밑천인데……

언니가 땀 흘려 가며 열심히 장사하려고 애를 썼어. 그런데 자기 마음에 들지 않으면 발길로 콱 차는 거야. 내가 직접 본 적도 있어. 그 일은 지금도 기억해. 언니를 때리는 모습, 발길로 콱 차고, 얼굴을 철썩 때려. 그러면 코피가 흐르잖아. 난 울었어. 울었는데, 그런 일이 몇 번이나 있었어. 얼마나 무서웠는지, 지금도 잊을 수가 없어.

— 그 일이, 그런 일이 무서웠군요. 그럴 수가요.

그 사람이 무서웠어. 그렇지만 뭐, 그렇게 나이 먹어서, 군대까지 마치고 돌아와서, 같이 살면서 자식까지 낳았는데, 계속 그랬어. 그런 일은 내가 어렸을 때 일이야. 그런 일을 기억하는 거야, 아직도 똑똑하게 기억하니까. 생각하기도 싫어. **(위와 동일)**

이 대목에 이르러서야 나는 겨우 깨달았던 듯하다. 무서운 일이나 폭력은 전쟁이나 방화나 살인 같은 것(만)이 아니라고 말이다. 박성규 큰아버지도 말씀하시지 않았던가. 예전에는 무서움이 뭔지 잘 몰랐다고 말이다.

박준자 고모는 한국전쟁이나 4·3 사건을 역사적 사건으로 이야기하지 않았다. 공포는 훨씬 가까운 곳에 있었다. 내가 듣고 싶었던 '역사의 증언' 대신 나는 고모가 겪은 지극히 개인적이지만 강렬한 '무서운 일'이나 '싫은 일'을 들은 셈이다.

어머니가
누군지도 몰랐어

박준자 고모가 일본으로 건너온 시기는 소학교에 들어가고 나서 몇 년이 지났을 때였다.

그런 다음에 저기…… 일본에서 여기 할아버지가 돈을 좀 보내주었어. 언니가 날 데리고 사니까 말이야. 언니는 결혼했는데 나 때문에 좀 곤란할 테니까 그런 거지. 그 돈을 받으려고 말이다, 언니는 날 데리고 몇 번이나 갔어. 일본에서는 날 데리고 오라고 했지. 밀항으로 데리고 오라고, 여기 어머니가 그렇게 부탁했어. 밀항하라고.

— 그렇군요. 편지를 보내거나?

아니, 인편으로.

— 인편이요?

배 타는 사람한테 전했어.

— 아! 그러면 당시에는 그런 식으로 오고 가는 일이 꽤 있었군요.

있었어.

— 많았어요?

비밀로 몰래……

— 예, 예.

그런데 저…… 날 데리고 갔는데, 우리 언니가 아직 보내고 싶지 않다고 해. 내가 아직 어려서 그랬는지, 그런 건 잘 모르겠어. 역시 돈을 보내 주니까 그랬겠지. 시집은 갔지만 날 데리고 살았으니까.

— 그럴 수도 있겠네요.

어머니가…… 그런 사정이 있으니까 몇 번 데리고 가는 동안에 좀 그랬던 모양이야. 학교도 월사금 없어서 못 가고 있었으니까. 언니가 '일본 갈래?' 물었더니 내가 '응' 그러더래. 그래서 부산에 가서, 아, 부산까지 배가 다녔어. 부산에서 저녁에 배를 타고 밀항이야. 저녁에 밀항했어. 그때 종환(큰손의 맏아들 박종환)이도 같이 있었어.

— 그랬군요.

종환이와 친척, 사촌이 있었어. 벌써 세상을 떠난 사람이야. 사촌과 종환이와 나, 이렇게 셋이…… 그때 종환이는 아주 어린 갓난아기였어.

— 예, 그러네요.

응. 정말 갓난아기! 우리가 같이 왔는데 어딘지 모르겠어. 밤이었나, 저녁이었나. 산 어디쯤 가 있으니까 셋손(박인규 큰아버지)이 데리러 왔어. 셋손은 이제 이 세상에 없구나.

우리를 데리러 와서 전차에 태우고 집에 왔어. 집에 도착해서 "어머니, 애들이야" 하고 우리를 보여 주니까 어머니가 "아, 그러냐?" 그러셔. 난 어머니가 누군지 몰라. 얼굴도 알아보지 못했어.

가족의 역사를 씁니다

— 아…… 그렇지요. 다섯 살 때 헤어져서 5년이나 지났으니까요. 5, 6년?

그렇지. 열 살이었나? 1학년, 그런데 1학년은 원래 여덟 살이잖아. 그러면 2학년이나 3학년 때까지 제주도에 있었던 게 아닐까? (위와 동일)

본인의 기억에 의하면 박준자 고모는 열 살쯤에 일본으로 왔다고 한다. 다만 고모가 오사카에 도착한 시점에 우리 아버지(1952년생)는 이미 갓난아기가 아니었다는 점, 여기에 박성규 큰아버지와 박정희 고모 이야기를 맞추어 보면, 당시 고모는 열한 살이었을지도 모른다.

그렇다면 고모의 도항 시기는 1955년 전후였던 셈이다.

다들 엮여
있으니까

1955년 전후, 한국전쟁으로 인한 혼란과 식량 부족에 자연재해까지 덮치는 바람에 제주도민은 심히 괴로운 상황에 놓였다. 1950년대에는 태풍, 가뭄 등 자연재해가 잦았고, 1955년, 1957년, 1958년에는 흉작을 기록했다.

1956년에는 초대형 태풍으로 피해가 극심했고, 1957년에는 40년 만의 대흉작을 기록했다. 게다가 1959년에도 거센 태풍으로 이재민이 7500세대 2만 3000명이나 나왔다.[3]

당시 농가는 여름과 가을에 농작물을 거두어들여도 겨울에는 식량이 바닥나기 때문에 3월부터 보리를 수확하는 6월까지 정부가 빌려주는 식량에 의존했다. 이렇게 빌려주는 식량은 보리 수확기에 두 배로 갚아야 했기 때문에 다음 해에는 더욱 많은 식량을 빌려야 하는 악순환이 이어졌다.

도항 자체만 놓고 보면, 몇 번씩 발각되어 오무라 수용소를 거쳐 강제송환을 당한 박정희 고모에 비해 박준자 고모의 경우는 순조로운 편이었다. 하지만 고모는 제주도에서 지내는 동안 어머니의 얼굴을 잊어버렸다. 할머니도 고모의 얼굴을 기억하지 못한 듯하다.

— 이곳으로 올 때, 그러니까 말하자면 배를 타고 오잖아요.

그렇지.

— 제주도에서 부산으로, 또 부산에서 일본으로요.

맞아, 그렇지.

— 그 배는, 그러면, 그러니까 뭐랄까……

저녁에 배를 탔으니까, 모르겠어, 배 바닥에 탔으니까.

— 배 바닥이라고요?

우리는 배 바닥에 타고, 밀항으로 온 거야. 그래서 산 어디쯤인가에서 내렸어. 거기 산 어디쯤부터 계속 걸어가면, 어딘가로 누군가 우리를 데리러 와. 그러면 다들 몇 명씩, 그러니까 열 명이나 스무 명씩 움직여.

종환이도, 친척도, 다른 사람도 같이 움직였어. 그러다가 붙잡히기도 하는데 우리는 붙잡히지 않았어. 운이 좋았지.

— 그렇군요. 음…… 저…… 위의 고모는 붙잡혀서 오무라 수용소에 가셨다던데요.

유키짱(박정희 고모의 통칭명이 유키코)은 그랬지. 몇 번이나 붙잡혔어. 그런 식으로 두 번인지 세 번인지……

— 그런 일이 있으면, 역시 그쪽, 제주에 있을 때 소문이 나거나 하나요?

그런 건, 그러니까 그런 일은 제주에서 붙잡히는 게 아니고……

— 예, 알고 있어요.

저…… 제주에서?

— 부산이라든지……

저…… 부산에 간 다음 부산에서 일본까지 오는 거니까, 그런 일은 집으로 가는 도중이라든지, 그럴 때 잡히는 거야. 밀항했다고 붙잡히는 거지. 여기, 부모한테 오기 전에 말이야.

— 그러니까 제 말은 그런 위험한 일에 관해서 이야기를 들은 적이 있는지요? 누군가 밀항했다가 붙잡혔다는 소문이요.

다들 뭐, 그런 일은 언제나 있는 일이니까. 난 어려서 그런 얘기는 뭔지 몰라. 그냥 따라갔을 뿐이야. 운이 좋았고 말이야.

그 언니(박정희 고모)는 다 커서 왔잖아. 스무 살쯤 되었을걸, 그때 왔을 거야. 그 언니는 제주에서 스무 살까지 살았다고 알고 있어. 그래서 그렇게 자주 붙잡힌 거야. 난 어렸고, 다른 어른도 있었지만, 역시 운이 좋았던 게지. 단번에 건너왔으니까.

어렸을 때였으니까 잘 몰라. 배 바닥에 숨어 있다가 산으로 가고, 쉬지 않고 산길을 걸어가다가 어떤 집에 가 있었는데, 셋손이 데리러 왔어. 그래서 전차를 타고 집에 왔지. 종환이하고 나하고, 둘이서 말이야.

— 다른 사람, 누구였죠? 고모의 사촌하고, 또 누구더라, 여러 사람이 배에 타고 있었잖아요?

그렇지. 다들 뿔뿔이 흩어졌어. 함께 배를 탔지만, 다들 같이 있긴 있었지만, 따로따로 가 버렸어.

— 딱히 아는 사람이 아니었군요.

아는 사람이 아니야. 그냥 같이 왔어.

— 아, 예, 예.

응. 그렇다니까. 열 명인지 스무 명인지 모르겠지만, 많이 있었어.

— 아, 그러면 비교적 작은 배였나요?

작은 배인지 큰 배인지 몰라. 어릴 때라서 기억이 안 나.

— 그러시군요.

여하튼 배 바닥에 앉아서 꼼짝하지 않고 있었어. 그러다가 나오라고 하면 저녁에 나가는 거야. 그다음에는 다들 시키는 대로 걸어갔어. 배에서 내릴 때는 몇 명이 한꺼번에 우르르 내리면 안 되니까, 두어 명씩 살금살금……

— 예, 예. 뱃사람이 하라는 대로요?

그렇지. 다들 같이 엮여 있으니까, 뭐.

— 그렇겠군요.

뱃사람들은 일본에 살고 있어.

— 예, 예.

그런 식으로 왔어.

— 그럼 산에서 곧장 전차를 탔어요?

응. 그러니까 그 집에 있었더니 셋손이 데리러 와서는 전차에
태웠어. 틀림없이 연락해 놓았으니까 그랬겠지. 언제 도착한다
고 연락해서 말이야. 그런 식으로 오는 거야. 그다음에 등록은
여기, 난 후세의 에이와에서 태어났으니까, 기록이 그대로 있었
어.

— 아하, 그렇군요.

내가 제주에 갔다 왔다는 걸로 되어 있지 않으니까.

— 그렇게 되어 있었어요?

나는 그래.

— 예, 그렇군요.

등록은 이렇게 했어. 난 여기서 태어났다는 산파의 증명이 있었
거든. 게다가 제주에 갔다 온 걸로는 되어 있지 않으니까, 그대
로 등록할 수 있었어. 영주권도, 지금 여기 이 사람과 결혼했으
니까, 영주권이 나왔지. 그래서 이리로 왔을 때는 등록이 없었

어도, 저기, 금세 만들 수 있다고 했어. 그래서 셋손이 만들어 주었던 것 같아. (위와 동일)

　박준자 고모의 밀항 유형은 박정희 고모의 경우와 거의 비슷했다. 제주도에서 부산으로 갔다가 부산에서 일본으로 '밀항'한다. 상륙한 뒤에는 '어느 집에 숨어' 가족이 데리러 오기를 기다렸다가 가족과 함께 목적지로 이동하는 식이다.

　박준자 고모는 브로커의 존재, 즉 박정희 고모가 말한 "암거래상처럼 오고 가는 아줌마"의 존재를 기억하지 못했다. 하지만 어쩌면 박준자 고모 일행도 브로커와 함께 왔을지 모른다. 아니면 박정희 고모의 밀항 방법은 당시 이미 일반적이었기에 박준자 고모 일행을 데리고 온 '뱃사람'도 똑같은 방법을 이용했을 뿐일 수도 있다.

　'다들 엮여 있다'는 표현도 흥미롭다. 밀항에 관여한 것은 밀항자 본인과 브로커에 국한되지 않는다. 고모들을 '실어 나른' 뱃사람, 밀항자를 '잠시 숨겨 준' 집의 소유자, 밀항자나 밀항선으로 보이는 사람과 배를 '묵인한' 사람, 밀항 사실을 '알고 있었던' 상륙 지역의 사람도 모조리 밀항과 엮여 있었다.

　고선휘(高鮮徽)는 1940년대 후반부터 1950년대에 걸쳐 '사람을 몰래 실어 나르는' 직업이 부산과 쓰시마 사이에서 성행했을 뿐 아니라, 그 일이 쓰시마에서는 1960년대에도 '한때 유행한 장사'였다고 한다. 즉 "양복 옷감 등을 쓰시마에서 부산으로 나르고, 연락이 오면 사람을 데리고"[4] 오거나 갔다고 설명했다.

밀항은 단순히 개인의 불법 행위가 아니었다. 개인의 자유로운 선택이라고 하기에는 밀항을 둘러싼 요소가 너무도 복잡다단하다.

밀항은 왜 발생했고, 어떻게 실행되었고, 어떤 결과를 낳았을까? 다시 말해 밀항을 제대로 이해하기 위해서는 정치적 망명이나 가족의 통합을 위해 밀항에 이르는 배경, 밀항자뿐 아니라 브로커·선주·상륙 지역의 주민같이 밀항을 가능하게 해 준 조건, 빈번한 밀항 때문에 세워진 정책과 그 정책이 초래한 새로운 정치적 국면 같은 다양한 요소를 고려해야 할 것이다.

조선, 조선,
발바닥이 좀 이상해

고모는 일본에 오면 학교에 들어갈 수 있으리라 생각했지만, 고모의 학업은 그리 순탄치 않았다. 고모는 이미 열 살이나 열한 살이었고, 수업 진도를 전혀 따라갈 수 없었다. 고모는 조카인 종환과 함께 조선학교에 들어갔다고 기억하는데, 갑

자기 소학교 4학년이나 5학년으로 편입했으니 수업을 잘 받
았을 리 없다.

— 아, 그렇지요. 이쪽으로 건너왔을 때 열 살쯤이었고, 그럼
소학교는······

음, 학교 말이지? 소학교에 들어가기는 했는데, 뭐, 무리였어.
무슨 말인지 하나도 모르겠더라. 글자를 하나도 몰라.

1학년부터 다니지 않았으니까 그렇지. 그러니 따라갈 수가 있겠
어? 게다가 들어가자마자 금방 여름방학이더라고. 종환이는 저
학년부터 다녔으니까 따라갈 수 있지. 하지만 나는 나이만 먹었
지 머리에 든 것이 아무것도 없었어. 1학년도 다니지 않았으니
까, 뭐, 무리였지.

— 그러면 일본에 왔을 때 늦봄이었나요? 금세 여름방학이 되
었다면요.

언제더라, 오자마자 여름방학이었는데······ 학교, 이름, 여하튼
가라고 하니까, 셋손이 가라고 하니까 말이야, 종환이와 나를
조선학교에 넣었어. 후세에 있는 학교에······

— 아, 조선학교에 입학하셨어요?

응. 거기 넣어 주었어, 조선학교! 종환이는 1학년, 어리니까 1학
년에 들어갔는데, 난 그럴 수 없잖아, 나이 먹었으니까. 1학년에
들어갈 수 없었어. 그래도 뭐, 가라고 하니까 이름은 올려놓았
는데 갈 수가 있어야지. 그냥 셋손 집에 눌러앉아 있거나 했어.

일하면서……

— 고모가 여기 오셨을 때 우리 아버지는 소학교에 들어갔어요?

내가 왔을 때 그랬었나? 난 요시카즈에 대해서는 잘 모르겠어. 원규는 잘 기억하고 있지만 말이야. 원규는 소학교에 들어갔는데, 툭하면 날 놀렸어. 조선, 조선, 발바닥이 좀 이상해, 이러면서 말이야.

— 고모를요? 고모를 놀렸다고요?

날 놀렸어.

— 고모한테 그렇게 말했어요?

그렇게 말했어.

— 그랬어요?

그래서 내가 아니야, 아니야 하면서 원규한테 발칵 성질을 냈어. 울면서 화를 냈지, 놀리니까. 조선, 그 말이 뭔지 몰라. 나는 일본어, 일본 말을 모르니까. 조선, 조선이라고? 어디가 달라? 그러면 발바닥이 좀 달라, 그러는 거야. 무슨 말인지 몰랐어. 학교에 다녀와서는 나한테 말해 줘. 다들 내 얘기를 했대. 그러면서 때리려고 뛰어다녀. 그러면 난 도망갔지.

— 어머나, 원규 큰아버지가 고모한테 조선, 조선, 그랬다고요?

그래, 그렇다니까. 그렇게 말했어. 그러면 화가 났지. 원규는 잘 기억해, 어릴 때 어땠는지. 요시카즈는 잘 기억하지 못해.

— 박원규 큰아버지는 어릴 때부터 체격이 크셨죠?

컸지. 소학생 때부터 컸어. 그래서인지 괴롭혔어(따돌리고, 요란하게 놀렸어). 어릴 때는 재미 삼아 그러기도 하지. 소학교, 아마 5학년쯤 되었을 거야. 조선, 조선, 그런 말을 들었어. 형제란 그렇게 싸우면서도 친하게 지내는 것 같아. **(위와 동일)**

위에서 놀리는 말은 아마도 "조선, 조선, '파카'라고 하지 마라, 얼굴은 비슷해도 어딘가 달라, 발바닥이 좀 달라" 같은 말 아니었을까. 어쩌면 어느 정도 나이가 든 재일코리안은 이렇게 놀리는 말을 들은 적이 있을지도 모른다. 여기서 '파카'는 일본어로 '바보'를 뜻하는 '바카(馬鹿)'를 말한다. 다시 말해 한국 사람이 일본어의 두음을 탁음으로 발음하지 못한다고 놀리는 것이다.

차별의 뜻을 담은 놀림 말을 남동생이 누나에게 던졌다는데 나는 놀라고 말았다.

입주 노동자
시절

학교에 다니기를 그만둔 뒤 고모는 우선 박인규 큰아버지의 공장에서 일하다가 모자 공장에 입주 노동자로 취직했다.

일본인·재일코리안(올드커머 및 뉴커머)의 고용 형태에 대한 조사에 따르면, 1995년 시점에 오사카 시내에서 부업이 '수입이 있는 일'이라고 꼽은 사람은 일본인 여성의 3.5퍼센트, 재일조선인 여성의 6.5퍼센트였다.[5]

박준자 고모는 여러 직업을 전전했다. 삼륜차 제조, 모자 제조, 양복 재봉, 나사 제조 등은 하나같이 영세 공장 또는 가족이 경영하는 공장의 고용이었다.

고모처럼 일터를 전전하는 것도 재일조선인의 취업 형태가 보여 주는 특징이다. 45~64세 남성일 때 5회 이상 전직을 되풀이한 사람의 비율이 일본인은 9.7퍼센트, 뉴커머는 1.5퍼센트인 반면, 올드커머는 17.7퍼센트에 달한다. 여성일 때는 전 연령층에서 5회 이상 전직 경험자가 일본인 4퍼센트, 뉴커머 0퍼센트인 반면, 올드커머는 23.1퍼센트였다.[6]

— 그러면 그런 건가요. 이쪽으로 왔을 때가 열이나 열하나, 그때쯤 오셨으니까······

맞아, 그래. 그리고 여기에 죽 있었어.

— 계속 일하셨어요?

그렇지. 모자 공장에서도 일하고, 재봉하는 곳에서는 입주해서 일했어. 또 셋째 오빠(박성규 큰아버지)가 저기 뭐냐, 철골 일을 하기 시작했어, 집에서 말이야. 철골에 나사골을 내는 일이 있거든. 난 그 일은 하기 싫다고 하고 재봉하러 바깥으로 나가 버렸어. 그러니까 집에서는 다투기만 해. 셋손이 성규 오빠와 싸우기도 하고, 집안에 싸움이 그칠 날이 없었어.

— 식구들이 한데 모여 살았어요?

그랬어. 저, 성규 오빠도 함께 다들 철골 일을 하러 가곤 했어. 그런데 셋손이 무슨 수를 썼는지, 자전거 안장 있잖니, 삼륜차 만드는 일을 얻어 왔어. 어머니가 뭔가로 천 씌우는 일을 했어.

(위와 동일)

모자 공장에서 입주 노동자로 일할 때는 월말에 할머니가 만나러 와서 고모가 받을 월급을 가지고 가 버렸다. 그래서 고모 수중에 남은 돈은 매달 120엔이었는데, 그 돈으로 목욕탕에 한두 번 가고, 가끔 단 것을 사 먹으면 남는 것이 없었다.

실제로 자신의 월급이 얼마였는지 고모는 모른다. 우리 할머니는 아들에게는 가족을 위해 자신의 모든 것을 바친 어머니였는지는 모르겠으나 고모에게는 월말에만 나타나 벌어 놓은 돈을 거의 가져가 버리는 어머니였다.

그런데도 고모는 할머니를 냉정하다든지 심하다고 생각하지 않았던 것 같고, 지금도 그런 듯하다. 자기들이 가난하다는 현실을 알고 있었다. 할머니에게 돈이 필요하다는 것도 알고 있었다. 입주 노동자로 일하면 돈 때문에 그렇게 곤란하지는 않다. 따라서 할머니가 월급을 가져가도 특별히 마음에 두지 않았다. 아니, 그런 처사는 당연했을 것이다.

고모의
사랑

박성규 큰아버지가 공장을 차리고 나서 2, 3년쯤 지났을 때
박준자 고모도 그곳에서 일하게 되었다. 고모가 열여덟 살 때
였다.

그때 고모는 아무래도 사랑에 빠진 것 같았다.

— 예전에 제삿날 때, 살짝 들려주신 거요. 옛날에 공장에서 만
났다는 일본인 남자 이야기. 그 얘기 좀 해 주세요.

아, 내가 그랬니?

— 예.

일본 사람이 있었어. 저기, 입주해서 일할 때, 남자, 좋아하는 사
람이 생겼지.

— 아, 그랬군요.

응. 그렇지만 그 사람은 일본인이라 안 된다고 하잖아. 어머니
가 안 된다고 반대하셨거든. 시골에서 온 사람이었는데, 어딘가
가 버렸어.

— 아, 그렇군요.

응, 교제하고 있었는데 말이야.

— 아, 데이트하셨어요?

했지. 저기…… 데이트라고는 해도, 음, 저녁에 저기 넓은 데(광

장) 있지 않니. 지금은 집들이 들어섰지만, 그때는 전부 밭이었
어. 그래서 밭 있는 데를 둘이 걷거나 했지. 저녁에 말이야. 그런
적은 있지만, 뭐 그렇지.

— 그건 몇 살 때쯤이었어요?

그러니까 열아홉 때쯤이었을까.

— 아, 그렇구나. 그러면 결혼하기 전이네요.

그렇지, 응. 그래서 어머니에게 이런 일 있다고 말씀드렸어. 그
랬더니 일본 사람은 안 된다는 거야. 결국 결혼하고, 헤어지
고…… 그러고 나서 여기 이 사람과 결혼하겠다고 말했고, 결국
그렇게 했어.

— 아아, 그렇군요. 한 번 결혼하고 헤어지고……

결혼하겠다고 약속했으니까 그렇게 해야지 생각한 거지.

— 어머나, 그건 대단한데요.

어머니한테 말씀드렸어, 그렇게 하겠다고. 그런 사람이 또 있다
고는 생각하지 않았거든. 그런데 바로 아기가 생기더구나. 그
애가 기요미야.

— 아, 그러셨어요.

응, 그 애가 스물둘에 생겼어. 지금 그 애는 마흔도 넘었어. **(위와**
동일)

제사 때 들은 이야기는 큰손(박제규 큰아버지)과 박성규 큰
아버지가 그 남성을 찾아가 무슨 일인가 했다는 것 같았는데,

무슨 일이 있었는지는 알 수 없다(상상에 맡길 수밖에).

고모의
결혼

— 그래서 이쪽 집, 그러니까 할머니가 사는 곳으로 가셨군요. 집으로 다시 들어갔다고 할 수 있겠네요.

응, 그랬어. 그런데 [네] 할머니 사는 곳에, 저…… 그때 오빠가 철공소 일을 했어. 나사골 만드는 일! 나는 싫다, 싫다 거부하고 재봉하러 다녔지.

— 아, 그랬군요. 철골이 아니고 재봉을……

철골 일은 손에 기름과 검댕이 묻어 더러우니까 싫다고 했지. 열여덟쯤이었나, 아니 열아홉이었나. 그럴 때 내가 재봉 일 하러 나갔더니 성규 오빠가 끌고 와서는 나사골 일 하러 집으로 오라고 해. 집으로 데리고 들어와서는 그러는 거야. 참, 그런 식이었으니까 집에 오면 싸움질을 할 수밖에 없지. 할머니는 꿀을 팔러 다니셨어. 시골에서 꿀 가져다가……

— 그 얘기는 들은 적 있어요.

벌꿀 짜서 팔러 돌아다녔어. 그런데 지금 여기 아저씨(고모의 배우자)가 한국에서 스물다섯에 여기 와 있었던 거야. 부산에서 왔다고 했어.

— 아, 그랬어요? 고모부는 부산에 사셨군요?

그래, 부산! 여기 지금 아저씨 말이야.

— 예, 예.

부산에 살다가, 자기 아버지를 찾으러 부산에서 이리로 온 거야. 스물다섯 살 때 말이야.

— 예, 예.

그런데 어딘가, 저, 조선 시장의 2층을 빌려 사는데, 우리 어머니가 꿀 팔러 돌아다니니까 아래층 아줌마와 친했어.

어머니가 어떤 총각이냐고 물었다고 해. 저, 지금 아저씨 보고, 우리 어머니가 마음에 들어 했던 모양이야. 가엾게 보여서 물었대. 저, 너희 어머니는 계시냐? 그랬더니 세 살 때 어머니를 여의었다, 일본에서 돌아가셨다고 하더래. 아버지를 찾으러 왔는데 이런 신세가 되었다고도 하고. 어머니가 이런저런 이야기를 듣고 딱하다는 생각이 들었던 거야. 그래서 이 사람과 나를 결혼시키면 좋겠다고 생각하셨어.

— 아, 역시⋯⋯

그때는 내가 하라는 대로 안 하고 집에서 싸움질만 했잖아. 그때 딱 스물이었는데⋯⋯

— 아, 그럴 때였군요.

스무 살.

— 그럼 다섯 살 위네요.

다섯, 다섯 살. 아니, 여섯 살인가.

— 아, 여섯이요. 예, 예.

응, 어머니가 하도 일본 사람은 안 된다고 해서, 결혼하고 헤어졌는데, 그 사람하고는 결혼해도 좋다고 하니까, 그렇게 해야지 생각했어.

— 그렇군요. 아, 한 번, 그러니까, 이혼했어도……

응. 괜찮다고 했대.

— 괜찮다고 했군요.

난 집이 싫었어. 다투기만 하니까 말이지. 나사골 일해라, 나사골 일해라, 강요하니까. **(위와 동일)**

이리하여 고모는 일본에 온 지 10년 만에 얼굴도 모르는 남성과 결혼했다.

야간중학교에
진학하다

어느 제삿날, 고모가 나에게 학교에 가지 못한 것이 고통스러웠다는 이야기를 들려준 적이 있다.

1960년 국세조사(國勢調査)[*]에 따르면 오사카부의 미취학자

---

[*]　행정의 기초 자료를 얻기 위하여 정부가 전국적으로 행하는 인구 동태

수는 5만 2532명으로, 남성은 1만 2447명, 여성은 4만 85명이다. 미취학자가 가장 많은 곳은 사카이시(境市, 4181명), 오사카시 이쿠노구(生野区, 4093명), 후세시(2531명) 순이었고, 지역 단위로 미취학자 비율이 가장 높은 곳은 이쿠노구였다.

이 통계에는 고모처럼 학교에 다녔지만 졸업하지 못한 미수료자가 포함되지 않는다. 하지만 대다수 미취학자는 박준자 고모와 같이 어릴 때 특별한 사정이 있었거나 집안이 가난해 가사 및 노동에 종사할 수밖에 없었기에 취학할 수 없는 사람들이었다.

— 저, 그러면 음, 그 후에 학교에는 다니지 않았어요?
아아, 야간중학교! 야간중학교에 다녔어. 글자를 모르니까 너무 괴로워서 말이야. 배가 산만큼 불러오니까 모자 수첩*을 받으러 구청에 가야 하잖아. 이렇게 배가 불러서⋯⋯ 그런데 글자를 전혀 못 쓰잖아. 이름이든 주소든 말이야. 얼마나 괴로웠는지 몰라. 이런 건 싫다, 누가 뭐라고 하든 글자를 모르면 안 되겠다 싶더라. 그래서 열심히 쓰고 연습했어. 저녁에 말이야.
어디 좀 공부할 데가 없을까 고민하고 있었는데 텐노지(天王寺)

및 그와 관련되는 여러 가지 조사를 가리킨다.
* 산모가 임신 후 받아야 할 검사, 태아의 발육 상태 등을 일정에 따라 안내해 놓고, 태아의 발육 상태 및 출산, 육아와 관련된 내용을 기록할 수 있도록 만든 수첩.

야간중학이라는 곳이 있다고 누가 가르쳐 주더라고. 그래서 찾아갔지, 텐노지로 말이야. 처음 책상 앞에 앉았을 때 참 기뻤어. **(위와 동일)**

고모가 다닌 오사카 시립 텐노지 중학교에 야간학급을 창설한 시기는 1969년이다. 오사카부에 세운 최초의 공립 야간중학교였다. 전국에 설립한 야간중학교의 수는 1954년에 정점을 찍었는데, 당시 학교 수는 87개교, 학생 수는 5000명에 이르렀다.

그 후 야간중학교의 수는 감소 추세로 돌아섰고, 1968년에 학교 수 21개교, 학생 수 416명이 되었다. 일본의 교육 행정이 "야간 수업은 어디까지나 임시 조치로서 학교 교육법 자체가 상정한 것은 아니다", "학령 초과자는 학교 교육이 아니라 사회 교육을 받아야 한다"는 방침을 세웠기 때문이다.

그렇게 보면 재일조선인의 교육 운동에는 획기적인 정점이 두 번 있었다고 할 수 있지 않을까. 하나는 1945년 해방 직후부터 1948년 한신 교육 투쟁**에 이르는 시기로, 이때는 주로 아동·학생을 위한 전일제 통학 교육을 요구했다. 또 하나

** 1948년 전후로 일본 문부성은 GHQ의 지시 아래 조선인 자녀를 일본인 학교에 취학시키도록 각 지역에 통달하고 민족학교의 강제 폐쇄를 명했다. 이에 항거하여 오사카부와 효고현에서 재일조선인의 민족교육 운동이 일어났다.

는 1950년대 전반 야간중학교 설립 운동이다.

그러나 이 둘 모두 '일본인'을 만들기 위한 교육을 추구하는 교육기본법과 학교교육법에 근거해 폭력적으로 폐쇄당하거나, 예산 삭감 등 간접적 수단으로 폐쇄의 길에 접어들었다. 일본의 전후 민주주의를 뿌리내리기 위해 학교 교육을 제대로 세우고자 한 교육기본법이 일본인을 제외한 사람들, 배움의 터전을 빼앗긴 사람들의 '학교'를 폐지하는 데 일조했다고 할 수 있다.

남한테 말할 수 없는
괴로움

— 야간중학교에는 언제 다녔어요?

결혼하고 나서, 아기, 기요미가 태어났을 때니까, 저녁에 갔어. 그런데 매일 거르지 않고 가야 하는데, 힘들잖아, 찔끔찔끔 다닐 수밖에 없었어. 그때, 텐노지 야간중학교에 가서 처음으로 책상 앞에 앉았을 때는 정말 기뻤단다. 거기에서 '1, 2, 3'을 쓰기도 하고, '아이우에오'를 쓰기도 했어.

— 그러면, 거기, 저, 학교 선생님은 어떤 사람들이었어요?

친절했어, 열심히 가르쳐 주었지. 난 글자 몰라서 자살하려고 생각한 적도 있어.

— 아니, 그런 일이 있었어요?

있었어. 글자 몰라서 고통스러웠거든. 병원 갈 때, 갓난아기 업고, 전차 다니는 철로에 간 적도 있어. 하지만 무서워서 그만두었지.

— 그러면 역시 그런 거였나요? 그러니까 어릴 적부터 고모는 갖은 고생을 다 해 오셨잖아요. 언니 집에 맡겨지기도 하고, 혼자 일본으로 오기도 하고요. 또 쉬지 않고 일하셨지요. 그런데 그런 것보다 역시 글자를 못 읽는 게 더 괴로웠어요?

훨씬 괴롭지.

— 훨씬 괴롭다고요?

훨씬 괴롭고말고. 글자를 모르면 얼마나 괴로운지 아니? 남에게는 말할 수도 없어. 그런 식으로 고생하고 살아온 고통보다, 글자 모르는 고통은 뭐라고 차마 말로 할 수가 없어. 음, 그래서 못 견디게 괴로우니까 밤중에 일어나서 다들 자고 있는데 글씨를 쓰기도 했지.

그런데 텐노지 야간중학교에 다녔더니, 그때 갓난애가 있었으니까, 기요미가 어릴 때니까, "도대체 네가 어떻게 학교에 다닐 수 있느냐? 결혼한 몸이 아니냐?" 이래서 싸우기도 하고, 상황이 심각했지. 애고, 이런 일 저런 일 있었지만 어쨌든 다녔어. 그래서 졸업까지 했단다.

— 그러면 그런 건가요? 그러니까 낮에는 집안일 하고 저녁에……

그렇지. 종일 쉬지 않고 일했어. 집에 와서는 새벽 두 시, 세 시까지, 으음, 일했어.

— 아, 그렇군요. 계속 일하면서……

그러니까 그 시간만, 자전거 타고 휙 갔다가 학교 끝나면, 9시쯤 끝나서 집에 돌아오는데, 그때부터 계속 일하는 거야. 물건을 내일 가지러 온다고 하면 거기에 맞추어야 하니까 말이야.

— 그렇군요.

그러니까 우리 딸이 이렇게 말해. 아버지는 2층에서 자고 있고, 텔레비전 보고 있는데, 엄마만 추우니까 담요 같은 거, 더러운 거 둘둘 걸치고, 쉬지 않고 재봉틀에 매달려 있었다고 말이야. 기요미가 다 기억한다고 지금도 말해. 그래도 그 고생이 글을 모르는 것만큼 괴롭지는 않아.

— 그렇군요. 저……

그렇지 않니? 전차 타고 어딘가 가려고 해도, 글자를 모르니까 어디가 어딘지 몰라. 그래서 어딜 가려고 해도, 수업 참관일에 가려고 해도, 뭐가 쓰여 있을까 생각하면 가슴이 두근두근 떨려. 나쁜 짓을 한 것처럼 말이야.

— 아, 딸 학교 참관일에 갈 때……

참관일도 그렇고 유치원에 갈 때도, 종이 나눠 주잖아. 뭔지 알 수가 있어야지. 얼마나 괴로운지, 그 괴로움을 몰라. 어디나 할 것 없이 다 몰라. 글을 모르는 괴로움은 남한테 말할 수도 없어. 그래서 어머니한테 얘기한 적이 있어. 어째서 날 학교에 보내지

가족의 역사를 쓽니다

않았느냐, 여기에 왔을 때라도 학교에 보내 주었으면 이렇게 괴롭지 않아도 되었을 것 아니냐, 이렇게 말이야.

그랬더니 어머니가 "네 아버지가 도박에 빠져서 돈을 가져다주지 않으니 어쩔 수 없잖니?" 하고 말해. "야간중학교라도 찾아서 들여보내 주었으면 좋았을 텐데요. 내가 일본에 왔을 때 야간중학교 있었잖아요." 내가 이렇게 어머니에게 말했어. 그랬더니 어머니는 "그런 것도 해 주지 못했으니까 날 엄마라고 부르지 않아도 된다!" 이러시는 거야. 후세에 살던 때인데, 어머니가 울면서 돌아갔어.

그러고 나서 2, 3일 동안 어머니를 울려서 돌려보낸 일이 얼마나 가슴 아팠던지. 어머니가 사는 후세까지 갔어. 자전거 타고, 애를 업고 가서는, "어머니, 미안해요" 그런 적이 몇 번이나 있었어. 그때 요시카즈는 중학교에 다녔어. 요시카즈가 중학교에 다니던 때야. 화장실에서 열심히 책 읽는 소리를 들은 적이 있어. 내가, 음, 기요미 업고 후세에 갔을 때, 그런 일도 있었어. (위와 동일)

"얼마나 괴로운지, 그 괴로움을 몰라. 어디나 할 것 없이 다 몰라. 글을 모르는 괴로움은 남한테 말할 수도 없어." 고모의 이 말을 종종 떠올린다. 나는 고모가 "얼마나 괴로운지, 그 괴로움을 몰라"라고 했을 때 '몰라'의 주어는 아무 막힘 없이 일본어를 읽고 쓸 줄 아는 모든 사람이라고 생각한다. 그다음에 바로 나오는 "어디나 할 것 없이 다 몰라"의 주어는 아마도 고모 자신일 것이다. 글을 모르는 괴로움은 말로 표현할 수 없다. 이미 글 읽는 법을 알아 버린 사람에게는 더더욱 그럴지도 모른다.

이제는 노래방에서
가사를 읽을 수 있어

— 중학교는 몇 년 정도 다니셨어요?

나? 야간중학교 말이냐?

— 예, 예.

야간중학은 뭐, 일단 햇수로 치면 9년인데, 연수(年數)로 셈하면 말이다, 9년인데, 절반쯤 햇수가 지나면, 글을 다 모르더라도, 이름 올려 등록하면 졸업을 시켜야 해.

— 아, 그게 그렇지요.

응, 그래서 9년 다니고, 졸업장은 받았어. 그렇게 해서 주소도 이름도 쓸 수 있고, 노래방 가더라도 지금은 가사를 읽을 수 있어. 읽는 건 돼. 지금 하는 일도 읽을 줄 아니까 할 수 있는 거야.

— 아, 죄송한데, 지금 어떤 일을 하고 계신다고 했지요?

지금은 저, 호텔 일. 저기, 미야코(都) 호텔에서 청소해. 그런데 그곳에서도 글자를 읽어야 할 때가 있어.

— 그렇겠지요. 방 번호라든지……

번호야 뭐, 매일 쓰니까 알지. 1, 2, 3 정도야 쓸 수 있지만, 종이가 여러 장 나오는 거야. 오늘은 이런 일을 해라, 뭘 버려라, 이러니까 읽어야 하잖아. 읽지 못하면 일을 할 수 없지.

— 그러네요.

분실물이 있으면, 몇 번 방에 있었다고 쓸 정도는 되지. 하지만 전에는 그것도 쓰지 못했어. 지금은 야간중학교에 다닌 덕분에 괜찮아. 여행만 해도 그래. 지금은 갈 수 있어. 가슴 콩닥거리지 않고 말이야. 얼마나 기쁜지 몰라.

노래방에 가도 그렇지. 글자를 전부 읽을 수 있으니까 노래도 부를 수 있잖아. 전차 타는 일만 해도, 아아, 이건 와카야마에 가는구나, 이건 교토로 가는구나, 이 정도는 얼마든지 읽을 수 있어. 전에는 아무것도 몰랐어. 전화번호도 못 쓰고, 자기 이름도 못 썼어. 그게 얼마나 괴로운지 아니? 밖에서 누군가 전화 걸어서 나한테 뭔가 말해 달라고 한들, 아무 말도 못 해. 아무것도 모르니까, 이름도 못 읽으니까.

그런 고통을 누가 알겠어? 아무도 몰라. 남한테 말할 수도 없지, 부끄러우니까. 그만큼 괴로웠으니까 죽을힘을 다해 학교에 간 거야. 그렇게 싸우면서도, 정말이지 야간중학교에서 열심히 공부했어. 이만큼 학교 갔다 오면 이만큼 일을 해야 해. 그렇게까지 해서 지금 어떻게 되었는지…… 어디에든 갈 수 있단다. 글을 쓴다고 해도 이름이나 주소 정도지만, 병원에 가도 이름과 주소는 써야 하잖아. 예전에는 그것조차 쓰지 못했어. 지금은 쓸 수 있단다.

— 그렇군요. 이제는 병원 가도 쓸 수 있네요.

주소와 전화번호도 쓸 수 있어. 예전에는 쓸 수 없었어. 지금은 무엇이든 쓸 수 있지. 저, 막힘이 없으니까. 옛날 일 생각하면, 이렇게 살아 있어서 얼마나 다행인지 몰라. **(위와 동일)**

당연한 일인지도 모르지만, 현재의 이야기를 하다가도 고모는 과거의 이야기로 돌아간다. 거기에 약간 새로운 정보(예전에 전화를 받았을 때 얼마나 곤란했는지, 지금 병원에 가는 일이 얼마나 쉬워졌는지)가 덧붙여진다. 노래방에도 못 가고, 외출도 못 하고, 자신이 선택한 곳에서 일할 수 없었던 과거와 노래방에서 노래하고, 전차를 타고, 무슨 일이든 할 수 있는 현재가 끊임없이 대조를 이룬다.

펜으로
벌어먹는 가족

인터뷰의 막바지에 이르렀을 때, 나는 돌이켜 보면 추호도 도움이 되지 않는 질문을 하고 말았다. 고모의 대답은, 고맙게도 매우 실제적이었다.

— 저…… 이쪽으로 와서, 뭐랄까, 역시 일본이 살기 좋은 곳이라고 생각하세요?

한국보다 말이냐?

— 예, 뭐 그렇지요.

그야, 저, 한국은 공기가 깨끗하고, 좋기야 좋지만, 역시 일본이 뭐, 일하면 돈을 벌 수 있으니까. 그쪽은 일거리 없잖아. 밭도 없었으니까. 일본이 좋다고 생각해. 돈 모을 수 있고, 일할 곳 있으니까. 여기는 일이 있어.

— 지금까지 제일 즐거웠던 일은 뭐예요?

즐거웠던 일이라. 글쎄, 뭐가 있더라, 즐거웠던 일, 물론 있었는데, 즐거운 적 있었어. 그렇지, 하와이에 다녀왔지.

— 그러면 이번에는 지금까지 제일 괴로웠던 일이요. 뭐였어요? 역시 글을 못 읽는 일?

글을 몰라서 괴로웠지. 정말이지 괴로웠어. 역시 공부는 해 둬야 해. [모르면] 남들처럼 앞으로 나갈 수 없으니까. 글을 알았으면 난 틀림없이 이혼했을 거야. 글자를 모르니까 혼자서는 잘 해 나갈 자신이 없었어.

— 아, 과연!

그랬어.

— 그러셨군요. 역시 글을 읽을 줄 알면 완전히 달라지지요.

무조건 이혼했을 거야. 내 갈 길 찾아갔겠지. 하지만 글을 모르니까, 마음이 약해서 못 해. 세상은 그런 거야. 돌림판이 와도 읽을 수가 없고, 여러 가지 일이 있기 마련이야. 집에만 있어도 말이야.

— 맞아요. 이것저것 중요한 통지가 오기도 하고요. (위와 동일)

나는 내 갈 길을 가고 있는 것일까. 나는 "남들처럼 앞으로 나갈 수" 없다고 두려워하는 사람을 상상해 본 적이 있을까.

학부 시절에 옛날 논문이나 연구서를 읽고 '몇십 년 전이라면 이런 일도 대발견이었겠구나' 하고 놀라곤 했다. 그렇지만 나 자신이 몇십 년 전에 똑같이 재일코리안 여성으로 태어났다면? 대발견은커녕 그런 자료를 읽는 장소에 가는 것도, 그런 장소가 존재한다는 사실도 필시 알지 못했을 것이다.

우리 할머니가 박준자 고모를 찾아가 받아 온 돈 중 일부는 분명히 우리 아버지의 양육비나 학비로 쓰였을 것이다. 우리 아버지는 형제자매 중에 유일하게 대학에 진학해 중학교 교사가 되었다.

일찍이 제사가 있을 때 사촌 형제의 아이들에게 들은 이야기가 있다. 박성규 큰아버지가 그 애들에게 "요시카즈 집안은 펜으로 벌어먹어. 우리는 몸을 써서 벌어먹었는데" 하고 말한 듯하다. 우리가 펜으로 벌어먹는 가족이 되기까지, 비유가 아니라 직접적으로 박준자 고모에게 빚을 졌다.

— 저, 그러면 앞으로 해 보고 싶은 일이 있으신가요?

앞으로 해 보고 싶은 일? 여행 가고 싶어. 일해야 하니까 갈 수 없지만 말이야. 친구들과 여행을 가기는 가지만, 저, 뭐라고 할까, 딱히 하고 싶은 일은 없어. 음, 특별히 하고 싶은 일은 없어. 뭐, 일이 있으니까.

— 음, 그렇군요. 여행은 일본, 아니면 해외……

해외에 좀 나가 보고 싶어. 하지만 혼자서는 못 가니까, 뭐……

— 그렇지요. 쉽지 않겠지요.

둘이서 가야지. 일 그만두면 가 보려고 해.

— 아, 그렇군요. 지금 하는 일은 오래되었어요?

지금 하는 일, 호텔 청소니까, 미야코 호텔 청소하잖아. 딱 3년쯤 되었어. 예순다섯에 정년이야. 그때가 되면 일은 그만두려고 해. 지금 내가 예순셋이잖아, 만으로 세어서 말이야. 올해 12월이면 예순셋(실은 예순넷)이지.[7] 그러니까 앞으로 2년이나 3년 남았어. 이 일이 끝나면, 일하지 못하게 되면, 여행 떠나 볼까 생각해.

— 그러시군요.

그것뿐이야. 하고 싶은 일이라면 그것뿐. 그래서 내일 죽어도 후회가 없도록 살고 있어. 어제도 노래방에 갔었어. 친구가 많으니까.

— 아, 그러셨어요.

응. 수영장 다니는 친구랑 가거나 직장 친구랑 가거나 하지. 학교에 들어간 다음에는 학교 친구도 생겼어. 자주 전화하는 친구도 있고, 친구가 아주 많아. 학교 친구들이 제일 친해. 아무래도 서로 잘 이해하고 있으니까.

— 그렇겠네요. 처지가 같으니까요.

아무것도 숨길 것이 없고, 무슨 말이든 할 수 있으니까. (위와 동일)

말하지 않았지만
드러나는 진실

오카도 마사카쓰(大門正克)는 "이야기하는 역사 속에서는 시간에 따라 경험이 있는 것이 아니라 경험 속에서 시간이 서로 이어진다"[8]고 지적한다. 이는 역사를 구술할 때 나타나는 특징이 아닐까 싶다.

박정희 고모를 인터뷰할 때 이와 비슷한 체험을 했다. 박사 과정에 들어가서 재일코리안 1세 여성들을 인터뷰할 때도 자주 비슷한 체험을 했다. 화자가 경험한 사정 하나하나는 지극히 개인적인 다른 사정들과 엮여서 화자만의 서사를 이루었다. 그들 하나하나를 쪼개어 역사적 문맥 안에 놓는 일은 적어도 인터뷰 과정 중에는 불가능했다.

이는 구술사(그리고 생활사)라는 연구 방법으로 조사할 때 맞닥뜨리게 되는 특유의 경험이다. 인터뷰 현장에서 화자는 자신의 과거 인식을 드러낸다. 그것은 종종 조사자인 청자가 인식하는 과거와 어긋난다.

재일코리안 1세 여성들의 이야기에서 개별 사건을 따로 떼어 내기는 어렵다. 왜냐하면 그들은 그것을 역사적 사건으로 이해하지 않거나, 역사와 관련된 표현을 사용하지 않고 구술하는 등 다른 체험으로 이야기하기 때문이다.

그때 조사자는 그들의 이야기를 어떻게 기술하면 좋을까? 그것은 물론 조사의 목적에 따라 달라질 것이다.

역사적 사건을 해명하고자 한다면 개인적 체험부터 소문, 역사적 사건까지 모두 뒤범벅된 데이터에서 조사자의 관심을 끄는 부분을 뽑아내어 분석 대상으로 삼으면 된다.

이와 달리 역사를 이야기하는 여러 방식을 조사하고 싶다면 이야기의 잡다함을 도마 위에 올려놓고, 역사를 어떤 식으로 이야기하는지, 그것이 인터뷰의 어떤 방식을 통해 가능해지는지 숙고해 보면 될 것이다. 또는 인터뷰이가 반복해 사용하는 어구, 반복해 이야기하는 에피소드로부터 "살아 있는 역사의 전체성"을 이해할 수도 있을 것이다.

이제 인터뷰이의 데이터가 어떻게 잡다함을 내포하는지 살펴보자.

박정희 고모는 4·3 사건을 '4·3 사건'으로서 이야기하지 않았다. 박준자 고모는 4·3 사건과 한국전쟁을 거친 제주도의 생활을 역사적 문맥으로 이해하고 있지 않았다. 그것은 언니의 배우자가 술을 마시고, 언니에게 폭력을 휘두르고, 그로 인해 공포와 혐오를 느낀 체험이었다. 고모의 이야기는 학술

용어로 정리한 것도 아니고, 시간순에 따라 체험을 정리한 것
도 아니다. 이러한 구술 형식을 띠었기 때문에 아버지나 박성
규 큰아버지는 박준자 고모에게 옛날 일을 듣기는 어려울 것
이라고 말했는지도 모른다.

이 책을 집필하기 위해 나는 고모의 구술을 글로 옮겨 놓은
채록 자료를 편집하고, 반복한 부분을 삭제하고, 시간순으로
배열했다. 아마도 생활사 또는 구술사를 다루는 조사자 대다
수는 데이터를 이용해 글을 쓸 때 나와 비슷한 작업을 수행할
것이다. 구술한 역사는 편집하지 않으면 좀처럼 읽히는 역사
가 될 수 없기 때문이다.

고모는 자주 '말할 수 없다'고 말한다. '말로 이야기할 수 없
다', '남에게 말할 수 없다'고 말이다. 이런 말도 나중에 다른
사람에게(대부분 재일조선인 1세 여성들에게) 몇 번이나 들었다.

이 말은 '이야기할 수 없는 무언가'가 있다는 뜻이 아닐 것
이다. '이야기할 수 없는' 일이 그렇게 많지는 않을 테니까. 다
만 조사자나 청자가 알아들을 수 없는 것이 있을 뿐이다. 고
모는 자신이 체험해 온 것을 유창하게 이야기한다. 어릴 적
신촌리에서의 생활을 비롯해 밀항을 둘러싼 장면, 일본에 온
이후의 생활, 결혼, 글을 읽을 수 없는 괴로움, 야간중학교를
찾아간 일, 현재 생활의 즐거움과 장래의 계획 등을 말이다.
이를테면 박준자 고모의 이야기는 '온갖 고생을 감내하고 야
간중학교에 열심히 다닌 결과 글을 읽을 수 있게 되었다'는

극복의 서사로 서술할 수도 있다.

그런 이야기를 통해 학교 교육의 효과를 발견할 수 있을 것이다. 자신의 과거를 앞뒤가 맞는 이야기로 구술하거나 기술할 수 있으려면 앞뒤가 맞는 이야기를 알아야 한다. 서사를 이야기하기 위해서는 서사의 형식을 알아야 한다는 뜻이다. 야간중학교를 다녀서인지 박준자 고모의 이야기는 박성규 큰아버지의 이야기보다 훨씬 더 앞뒤가 맞고 가닥이 잡힌 훌륭한 서사였다.

실제로 큰아버지의 이야기는 잡다했다. 같은 이야기를 다시 할 때도 그 하나하나가 미묘하게 달랐고, 시간 순서는 무시당했으며, 어떤 기억은 다른 기억을 불러일으켜 뜬금없는 이야기가 수시로 끼어들었다. 다만 큰아버지가 여기저기서 내가 아는 역사적 어휘로 체험을 들려주셨기 때문에 그 이야기를 알기 쉽다고 느꼈을 따름이다.

알레산드로 포르텔리가 지적했듯, 이와 같은 '반복'과 '연상'과 '시간순 무시'라는 구술의 형식은 기억하는 일과 이야기하는 일 양쪽과 연관되어 있다. 그리고 구술 시 어휘의 차이와 문맥의 차이는 화자가 어떤 지식과 규범 속에서 살아왔는지, 청자에게 무엇을 이야기해야 한다고 판단하고 있는지를 단적으로 보여 준다.

박준자 고모는 재일조선인 1세 여성이 어떤 유형의 체험을 겪어 왔는지를 훌륭하게 들려주었다. 고모의 이야기는 고모가 과거를 이해하는 방식과 고모가 살아온 세계를 동시에 드러낸다.

박준자 고모는 제삿날 우리 엄마와 만날 때마다 화장품에 대해 갖가지 충고를 해 주었다. "올케는 얼굴이 나쁜 편이 아니니까 이것을 더 써 봐. 그러면 피부가 매끄러워질 거야. 그리고 한 달에 한 번쯤은 피부 관리를 받아야 해. 난 매일 수영하러 다녀. 올케는 아직 젊으니까 몸에 더 신경을 써야 해." 아울러 내게는 이렇게 말씀하셨다. "신용이 중요해. 신용은 돈으로 살 수 없으니까. 젊을 때부터 이 점을 명심해야 해." 고모의 말씀은 대체로 옳았다.

고모는 웬일인지 가끔 소녀처럼 보일 때가 있다. 지나치게 박력이 넘치는 소녀이기는 하지만.

제6장

아름다운 제주
—나의 제주 답사

제주도를 찾아간 이유는 두 가지였다. 하나는 실제로 인터뷰에 나온 장소를 직접 두 눈으로 확인하고 싶었기 때문이고, 또 하나는 뭔가 새로운 사실을 알 수 있지 않을까 기대했기 때문이다. 하지만 그보다는 어릴 때부터 내가 알고 있는 풍경을 다시 한번 보고 싶다는 단순한 이유가 컸다.

제주의
부 기사님

제주국제공항에 도착했더니 비처럼 보이는 진눈깨비가 내렸다. 제주도의 북부는 겨울이 되면 춥다. 눈도 내리고 바람도 세다. 여름이라면 헤엄도 칠 수 있는데 괜히 겨울에 왔다고 생각하면서, 공항에서 소개한 구제주 시내의 모텔에 머물렀다. 제주도에 가겠다고 했더니 엄마가 명함을 한 장 건네주었다. 친구와 여행할 때 알게 된 택시 운전기사인데 일본어가 능숙하다고 했다. 도착하자마자 나는 그 명함을 내밀고 모텔 아줌마에게 연락해 주십사 부탁했다.

나를 찾아온 쉰 살쯤 되어 보이는 남성이 성실한 표정과 유창한 일본어로 "곤니치와, 와타시와 푸상데스*(안녕하세요, 나는 부 씨입니다)" 하고 인사했다. 농담인가 싶었지만 차마 웃지는 못했다. 확실히 성씨가 '부(夫)'였기에 내가 듣기에는 '푸'라는 발음으로 들렸다. 고(高) 씨, 양(梁) 씨와 더불어 제주도에 많은 성씨가 부(夫) 씨다.

이틀 동안 부 기사님이 여기저기 안내해 주셨다. 첫째 날은 신촌 초등학교(박성규 큰아버지, 박준자 고모가 다니던 학교), 4·3 평화공원, 제주 4·3 연구소, 둘째 날은 한림 초등학교와 송악산 해안을 다녀왔다. 이제 와 돌아보면 송구할 만큼 짧은 시간에 여러 곳을 돌아다녔다.

아침에 부 기사님이 데리러 와 주었다. 우선 차로 40분쯤 걸리는 신촌 초등학교로 향했다. 그날도 몹시 흐리고 진눈깨비가 흩날렸다. 도중에 기사님이 마음에 들어 하는 김밥 식당에 들러 우리 두 사람이 먹을 김밥 2인분을 샀다. 깻잎이 들어 있어 확실히 맛있었다.

신촌 초등학교는 건물을 주황색과 노란색으로 칠한 탓인

지 초등학교라기보다는 아동관 같은 귀여운 느낌이었다. 택시를 세워 놓고 정문으로 들어섰다. 약속도 잡지 않고 교무실에 들어가 한국어로 인사했더니 다들 나를 쳐다보았다. 웬 낯선 이가 서 있나 하고 생각했을 법하다.

우선 이름과 소속을 밝히고 (당시에는 명함이 없었기 때문에) 대학의 학생증을 내밀었다. 그러고 나서 이러쿵저러쿵 얘기했다. "저는 일본에서 온 재일교포인데, 가족의 역사를 조사하고 있어요. 우리 큰아버지가 여기 초등학교에 다녔는데, 그당시 역사를 알 수 있는 자료가 있으면 보여 주세요." 부 기사님도 뭔가 설명을 덧붙여 주셨는데 거의 알아듣지 못했다.

그러자 교무실에 있던 선생님들이 "아, 그러면 교감 선생님께 부탁하는 게 좋겠네" 하고 교감실로 안내해 주었다. 교감선생님은 새까만 머리를 올백으로 넘기고, 새까만 양복에 안경을 끼고 있었다. 키가 큰 남성이었다. 그분에게 그곳을 찾아온 목적을 이야기하자 잠시 기다리라고 하더니 좀 있다가학교의 역사 자료를 들고 왔다.

그 자료에 의하면 신촌 국민학교는 1945년 9월에 개교해 1946년 봄에 개축했고, 1949년 1월에 "공산 폭도의 방화로 교사(校舍) 전소(全燒)"라고 되어 있었다. 소학교가 불타 버렸다는 박성규 큰아버지의 이야기는 이 기술을 가리킬 것이다. "이 이야기를 큰아버지에게 들었어요"라고 했지만, 교감 선생님은 아무 말도 하지 않았다. 그 페이지를 복사해 달라고 부탁하고 복도로 나왔다.

복도로 나와 1950년 이후의 졸업사진을 바라보았다. 꽤 오래전부터 졸업생의 사진을 이렇게 모아 복도에 걸어 놓은 것을 보고 놀라고 있었는데, 부 기사님은 "큰아버지가 1938년생이고 이 소학교를 졸업하지 않았으니까 이 사진에는 찍히지 않았겠지요?", "큰아버지의 동급생이 찍혀 있을지도 모르겠네요" 하고 말했다. 박준자 고모는 거의 학교에 가지 않았으니까 당연히 사진이 남아 있을 리 없었다.

초등학교를 나선 뒤 부 기사님은 "마을을 좀 둘러보지 않겠어요?" 하고 제안했다. 겨울의 신촌리에는 인적이 거의 없었다. 바다가 아주 가까웠기 때문에 강한 바람에 몰아치는 파도의 물방울이 튀었다.

필시 이 마을 어딘가에 할머니가 매입한 집이 있을 것이다.

일본 할망

우리 할머니는 환갑 때 할아버지와 헤어져 자식들을 일본에 두고 홀로 제주도로 돌아왔다. 할머니는 '일본 할망'이라고 불렸던 듯하다.

할머니의 본명은 김영홍이고, 1910년 6월 제주도 조천면 와흘리(臥屹里) 농가에서 차녀로 태어났다.

할머니가 태어난 마을은 바다와 한라산 사이에 있어 제주도에서는 중산간 마을이라고 불리는 지역이다. 농가라고는 해도 쌀과 채소를 경작해 내다 파는 농가가 아니라 대다수 제주도 사람들과 마찬가지로 자작농이었을 것이다.

1922년 오사카와 제주도를 연결하는 직항 항로가 개설된다. 제주도에서는 '군대환'이라고 부른 '기미가요마루', 즉 아마가사키 기선부에서 운행하는 선박이었다(다만 1922년 이전부터 부정기적으로 기미가요마루가 오사카와 제주도를 왕복했을 가능성은 부정할 수 없다).[1]

본래 제주도민은 한반도나 일본 각지로 나가 돈을 벌어 왔는데, 기미가요마루의 취항 덕분에 해녀가 타지로 나가 돈 벌러 가는 길은 더욱 편리하고 쉬워졌다. 1922년에 3502명이던 제주도와 오사카 사이를 오간 여객 이용자 수는, 1933년에 2만 9208명으로 증가한다.[2] 물론 돈 벌러 간 곳이 전부 일본은 아니다. 제주도청의 발표에 따르면, 1939년 제주도 내 인구 20만 2000여 명[3] 가운데 외지로 일하러 나간 사람은 4만 명 이상이고 "평균 한 가구에 한 명 이상"[4] 일본으로 돈을 벌러 떠났다.

1927년 17세가 되던 해, 할머니는 조천면 신촌리에 사는 박희방과 결혼한다. 그다음 해 장남(박제규), 2년 후에 차남(박인규), 5년 후에 장녀(박난희)가 태어났다. 차녀 박정희 고모는 1935년, 삼남 박성규 큰아버지는 1938년에 태어났다. 호적에 기재된 자녀들의 출생지에 따르면 일가는 성규 큰아버지가 태어난 1938년 1월까지는 제주도에 있었다는 것을 알 수 있다.

그러나 1940년에 태어난 삼녀 박영희 고모의 출생지는 고베시 후키아이구다. 일가는 1938년부터 1940년 사이 제주도를 떠나 일본으로 이동했다고 여겨진다. 돈을 벌기 위해 제주도를 떠난 사람이 가장 많은 해가 1933년(2만 9208명)[5]이고, 그전후로 2년 동안 일본 거주 제주도민 수가 가장 많았다.

한마디로 우리 조부모 일가는 제주도민이 일본으로 건너가는 최전성기에, 이른바 강제 연행이 시작하기 전에 우선 고베로 오고, 그다음 오사카로 이주했다고 볼 수 있다.

할머니는 1945년에 제주도로 돌아갔다가 1949년에 다시 오사카로 건너왔다. 그 후 20년 동안 자식 열 명을 기르고, 우리 아버지가 고등학교에 진학한 1969년 봄에 다시 제주도로 돌아갔다.

그때 있었던 일화를 예전에 어떤 고모에게 들은 적이 있다. 고모는 할머니가 제주도에 돌아가기 전날 오라는 연락을 받고 와서 할머니 치마 안쪽에 주머니 꿰매는 일을 도왔다. 가능한 만큼 다량의 현금을 가지고 가기 위한 수법이었다고 한다. 그렇게까지 좀스러운 방법을 쓰지 않아도 되지 않았을까 생각했지만, 글을 전혀 읽고 쓸 줄 몰랐던 할머니에게는 그런 방법밖에 없었을지도 모른다.

고향의
꿈

1960년대 한국은 한강의 기적이라 불리는 고도 경제성장 시기에 접어든다. 1962년 개시한 제1차 경제개발 5개년 계획으로 연평균 경제성장률 7.8퍼센트, 1967년부터 1971년에 걸친 제2차 경제개발 5개년 계획으로는 9.7퍼센트를 기록했다. 섬유, 가전, 철강, 조선, 자동차 같은 수출지향적 사업이 대규모로 발전하고 있었다.

제주도에서도 급속하게 개발이 이루어졌다. 1963년에 한국 정부는 제주도를 특구로 지정하여 관광 산업과 항구 및 국제자유도시 개발에 힘을 쏟기로 정했다. 1964년에는 박정희가 제주도를 방문해 관 주도의 개발 계획을 본격적으로 전개한다. 한라산을 종단하는 남북 횡단 도로의 포장 연장 공사(1967년 준공), 섬을 횡단하는 일주도로의 포장을 비롯해 중산간 지역, 섬의 서쪽과 동쪽을 각각 종단하는 산업도로가 잇달아 개통되었다.

나아가 댐 공사 및 상하수도 정비도 이루어졌다. 1971년, 이들 공사가 거의 끝나갈 무렵에는 하루에 생활용수 1만 톤, 농업용수 3000톤을 공급할 수 있었다. 1960년에 9.2퍼센트였던 전기 공급률은, 1972년에 50퍼센트를 넘었고, 1984년에는 100퍼센트를 달성했다.

할머니가 제주도로 돌아온 시기는 거대한 변화가 한창 휘몰아치던 때였다.

아버지가 들려준 단편적인 이야기에 따르면 할머니가 살던 집은 본채와 별채로 나뉘어 있었다. 본채에서는 할머니가 살고 별채 하나는 남에게 빌려주어 세를 받았다. 그 집은 마루와 부엌이 있는 단층집이었고 바깥에 있는 화장실에서는 돼지를 키웠다. 창밖으로는 마당이 보였다.

할머니는 아침에 일어나면 우선 바다에 나가 바닷물에 몸을 담갔던 듯하다. 금세 땀띠가 나는 체질이었던 같고, 땀띠에는 바닷물이 좋다고 아버지에게 말씀하셨다고 한다. 대낮이 되기 전 집에 돌아와 간단하게 집안일을 끝내고 집 앞에 있는 밭에서 농사를 지었다. 저녁이 되면 일을 끝낸 마을 사람들이 마실 와서 세상 돌아가는 이야기를 하기도 하고, 때로는 다 함께 노래 부르고 춤을 추었다.

할머니는 당신 집이 모임 장소가 되었다고 아버지에게 자랑하신 듯하다. 아버지가 할머니의 집을 방문했을 때는 당신 아들이 대학에 다닌다는 것을 자랑하기 위해 아버지를 데리고 마을을 돌아다니셨다고 한다.

할머니는 늦은 나이에 낳은 막둥이 아들을 대단히 귀여워하셨다. 아버지에게만 맞선을 주선하지 못한 것을 후회한다면서 제주도로 돌아갔고, 오사카에 올 때마다 아버지에게 맞선 이야기를 꺼냈다. 아버지가 말을 아끼다가 실은 사귀는 여성이 있는데 일본인이라고 알리고 할머니에게 소개할 때까지 맞선 이야기는 그치지 않았다.

우리 엄마와 만날 때 할머니는 엄마의 얼굴이 제주도 여자 얼굴과 똑같다고 하면서, 본인이 몇 번이나 일본인이라고 밝혀도 "거짓을 말할 필요는 없어", "넌 제주도 사람 얼굴이야" 하며 엄마 말은 들으려 하지 않았다고 한다.

대학 시절 엄마는 이쿠노구의 재일조선인 1세 집에서 지내면서 기미가요마루를 타고 오사카에 온 제주도 사람들에 대해 졸업논문을 썼다. 엄마는 김석범(金石範)의 『까마귀의 죽음』을 읽고 4·3 사건을 알았는데, 아버지에게 4·3 사건을 언급하지 말라는 주의를 들었다. "그 이야기를 하면 어머니는 정신이 이상해지고 마니까 절대로 입 밖에 내면 안 돼요."

할머니는 1년에 두 번은 오사카에 오셨다. 그때 자식들 집에 머물며 그곳에 남아도는 옷이나 잡화를 받아 제주도로 돌아가 팔거나 나눠 주었다. 자식과 며느리, 사위 들과 만날 때마다 거의 다투었고, 그때마다 이 집 저 집 옮겨 다녔다. 지병인 부정맥의 치료 약을 받기 위해 병원에도 들렀다.

현재 생활에 만족한다고 아버지에게 말씀한 듯한데, 어쩌면 10년에 걸친 할머니의 제주 생활은 일본에 살던 20년 동안 스스로 키워 살아갈 힘으로 삼은 '고향의 꿈'에서 서서히 깨어나는 기간이었을지도 모른다. 어쩌면 할머니는 머릿속에 그리던 고향이 꿈이라는 것을 진즉 알면서도 제주도로 돌아갔는지도 모른다.

할머니는 1979년 겨울 어느 날, 집에서 평소와 다름없이 이웃 사람들과 한창 노래하고 춤추던 중 가슴이 아프다며 쓰러졌고, 그대로 세상을 떠났다. 아마도 지병인 부정맥의 악화로 심장에 이상 증세가 일어난 탓에 돌아가시지 않았을까 싶다.

할머니가 돌아가신 뒤, 집에서 인형이 몇 개 나왔다. 노란색과 분홍색 치마저고리를 입고 그네를 타거나 장구를 치는 화려한 여성 인형이었다. 또 색색의 알록달록 리본과 단추도 나왔다고 한다.

할머니는 장구를 칠 줄 몰랐고, 과연 그네를 타고 놀던 시절이 있었는지도 의문이다. 인형이니 리본이니 단추니, 이런 것은 그녀의 꿈이 아니었을까. 건강하고 억세고 말주변이 뛰어나고 두뇌 회전이 빨라 빈틈이 없고 돈을 아주 좋아했던 우리 할머니의 꿈 말이다!

자식들은 할머니의 유해를 들고 마을을 한 바퀴 돈 다음 그녀가 생전에 사 둔 묘지 터에 안장했다. 묘를 모신 곳은 할머니가 나서 자란 마을과 가까웠고, 이제는 아무도 드나들지 않는 산속이었다. 소나무가 한 그루 서 있고 바로 옆으로 푸른 바다가 보였다. 어쩌면 할머니는 가끔 이곳을 들러 바다를 바라봤을지도 모른다.

생전에 엄마와 할머니는 만나서 약속을 자주 했다. 봄이 되면 제주도로 놀러 오라고, 그러면 돼지를 잡아 한 상 차려 주고 바다에도 데려가고 노래도 부르자고…… 그러나 이런 약속은 하나도 지켜지지 않았다.

할머니가 싫어한 할아버지도 6년 후 할머니 묘 옆에 묻히셨다. 또 앞에 쓴 것처럼 할아버지 묘를 어디에 모실까 하는 문제로 장례식 날 큰아버지들이 서로 주먹을 날리며 싸움을 벌였다.

할아버지에
대하여

할아버지는 어떤 사람이었을까.

그동안 아버지에게 들은 얘기로는 언제나 집에 있는 돈을 가져다가 도박을 하고, 돈을 잃고는 약이 올라 술을 마시고 집에 와서 아내와 아이들을 때리는 사람일 뿐이었다. 박정희 고모에게 들은 바로는 축구를 잘했고, 제주도에 살 때는 아침에 고기잡이를 마치고 바다에서 돌아왔다고 한다. 다른 고모는 "언제나 모자를 쓰고 멋을 냈다"고 말했다.

이런 일화도 들었다.

박정희 고모가 첫아기를 임신했을 때 고모부는 집에 붙어 있지 않았다. 해산 날이 가까워지는데도 고모는 병원에 갈 돈이 없었다. 그러던 어느 날 오후, 언제나 그렇듯 모자를 쓰고 갑자기 할아버지가 나타났다. 할아버지는 "얘야, 이 돈으로 택시 타고 병원에 가서 아이를 낳고 오너라" 하고 눈앞에 5만 엔을 내밀었다. 고모는 그 돈으로 택시를 타고 병원에 가서 그날로 입원해 무사히 출산했다. "그러니까 누가 뭐래도 나는 너희 할아버지 편이야." 고모는 생긋생긋 웃으며 이렇게 말했다.

할아버지뿐 아니라 우리 큰아버지들에게도 그런 구석이 있다. 친척 중에 좀 소원한 사람을 특별히 돌봐 주거나 한다. 누군가 한 사람에게는 잠시나마 착한 사람으로 남고 싶다는 것처럼 말이다.

누군가를 제대로 사랑하기는 어렵다. 사랑은 감정을 드러 내는 것이라기보다는 행동으로 보여 주는 것에 가깝기 때문 이다. 누군가를 살뜰하게 보살피는 일은 불쑥 올라온 마음만 으로도 가능하다. 이성도 필요 없고, 규범도 필요 없다. 그 행 동으로 말미암아 누군가의 여생에서는 고마운 사람으로 기 억될 수 있다.

삶의 끝자락에서 할아버지는 "제주에서 죽고 싶어", "죽어 서 태워지면 지옥에 떨어질 거야" 하고 말했다. 하지만 재로 변할 때까지 제주도로 돌아가지 못했다.

가족의 역사를 씁니다

부 기사님
이야기

신촌리에서 4·3 평화공원으로 가는 도중에 부 기사님은 잠깐 자기 이야기를 들려주었다.

그는 제주특별자치도 제주시 조천읍 북촌리 출생으로 어릴 적에 매년 많은 사람의 제사를 한꺼번에 치르는 것을 보았다고 했다. 가족이나 친척 제사는 아니었는데 어느 마을 사람도 누구의 제사인지 가르쳐 주지 않았다.

오늘날 북촌리에서 벌어진 학살은 잘 알려진 사건이다. 이는 1949년 1월 17일 제2연대 3대대 정 모 대위의 지시로, 공비와 내통했다는 혐의 아래 주민 400여 명을 학살하고 300채 이상의 가옥을 불태운 사건이다. 마을에서는 많은 사람의 제사를 한꺼번에 지내며 죽은 사람들의 영혼을 달랬다. 그러나 그 제사조차도 오랫동안 비밀에 부쳐야만 했다.

부 기사님은 스물다섯에 군대를 제대한 뒤 그대로 부산으로 일하러 가려고 했다. 몸도 건강하고 군대에서 영어도 공부했으니까 일거리를 찾을 수 있으리라 확신했다. 그러나 "네가 빨갱이인지 아닌지는 모르겠어. 하지만 제주도 출신은 빨갱이인걸" 하는 말을 듣고 면접에서 떨어졌다. 이 일을 겪고 제주도로 돌아와 택시 기사로 일하고 있다. 동시에 귤 농사도 짓기 때문에 "오늘과 내일은 [나를 위해] 운전을 하지만 모레는 귤 농사를 지어야 하니까 택시 운전대를 잡지 않습니다"
하고 말을 맺었다.

부 기사님은 제민일보사라는 신문사에서 출간한 『4·3은 말
한다』[*]를 사 가라고 권했다. 제주 시내 책방 어디서든 살 수
있고 인터넷으로도 주문할 수 있다며 강력하게 추천했다. 내
가 일본에도 그 책이 나왔고, 이미 읽고 왔다고 말하자 그는
놀랐다.

사실 4·3 사건을 조사하기 위해 제주도에 온 것이 아니라
"4·3 사건을 계기로 일본으로 이주한 친척들이 제주도에 살
때 거주한 곳을 알고 싶어 왔어요" 하고 설명해 드린 것 같은
데, 그거나 저거나 별 차이는 없다고 여긴 탓일까. 아니면 4·3
사건을 언급하지 않고 자신이나 내 친척 이야기를 할 수는 없
다고 판단한 것일까. 어느 쪽인지 잘 모르겠다.

4·3 평화공원은 한라산과 해안 사이 산 중턱에 있다. 신촌
리에서는 눈이 내리지 않았는데 평화공원에 가는 동안 진눈
깨비가 내리기 시작하더니 공원에 가까워지자 눈이 펑펑 내
렸다. 그 바람에 공원을 걸어서 둘러보지 못했다. 공원 안에
있는 박물관에 들어섰는데 나와 부 기사님밖에 없었다.

박물관은 무서웠다. 애초에 4·3 사건의 전말을 전시하는 곳

---

[*] 제민일보 4·3 취재반, 『4·3은 말한다』(전5권: 1~3권 양조훈·서재철·고
홍철·고대경·김종민·강홍균 지음, 4권 김종민·김애자 지음, 5권 김종민
지음), 전예원, 1994~1998.

이니 명랑하고 즐거운 박물관일 리는 없다. 무슨 소리가 들리는가 싶으면 죽임당하는 공포의 소리, 분노의 소리, '나쁜 짓도 하지 않았는데 왜 죽어야 하느냐' 하는 원한 섞인 항변이 전부였다. 한쪽에는 희생자의 뼈가 땅에 묻혀 있는 모습 그대로 전시되어 있었다. 그 공간에는 벌레 소리 하나 없었다. 부 기사님은 나는 신경 쓰지 않고 본인이 관심 있는 곳으로 가버리곤 했다. 혼자 남아 있기 싫어 부 기사님을 따라가기 바빴던 탓에 전시를 제대로 보지 못했다.

박물관을 나와 제주 시내로 돌아올 때는 도로가 보이지 않을 만큼 눈이 쌓여 있었다. "기사님, 괜찮을까요?" 하고 물었더니 "나무에 부딪히지만 않으면 괜찮아요" 하는 답이 돌아왔다. "그야 그렇겠군요" 하고 대꾸하는 수밖에 없었다. 여하튼 부 기사님의 운전 실력을 믿는 마음으로 두려움을 떨치고서 산에서 무사히 내려올 수 있었다.

완연히 해가 지고 나서 제주 시내에 있는 4·3 연구소로 갔다. 이곳은 1989년 설립한 이래 증언 수집, 유골과 유적 발굴, 공무서 조사를 통해 4·3 사건의 진상을 규명하고 피해자의 명예를 회복하는 운동의 중심이었다. 또한 2003년 노무현 정권 당시 4·3 사건에 관한 정부 차원의 보고서를 발행하는 사업에도 참여했다. 따라서 이곳에 가면 4·3 사건과 관련한 밀항에 대해 뭔가 알 수 있지 않을까 하는 기대가 있었다.

제주도 인구에 관한 자료가 있으면 좋겠다고 생각했지만,

4·3 사건 전후에는 국세조사가 이루어지지 않아 자료가 없다는 이야기를 들었다.[6] 그 대신 4·3 사건과 관련한 밀항을 연구한 박사논문이 몇 편 나와 있는데, 제주대학교 도서관에 가면 읽을 수 있다는 안내를 받았다.

연구소를 나와 부 기사님과 헤어졌다. 혼자 시장에 있는 식당에 들어섰다. 식당 문을 닫기 직전이었다. 밥을 막 먹으려 했을 때 주인으로 보이는 아주머니가 "왜 혼자 밥을 먹어?", "친구는 없어?", "딱하네", "내가 같이 밥을 먹어줄게" 하더니 대꾸할 틈도 주지 않고 내 앞자리에 앉았다. 그 바람에 아주머니와 얼굴을 맞대고 밥과 김치를 먹었다.

중첩된
폭력

다음 날에도 아침에 부 기사님이 와 주셨다. 눈이 그치고 날이 개었다.

이번에는 서쪽으로 한 시간쯤 달려 한림 초등학교로 갔다. 물론 이때도 미리 약속을 정하지 않고 교무실로 찾아갔다. 나를 쳐다보는 선생님들에게 "실은! 일본에서 왔어요!", "큰고모부가 이곳에서 근무한 적이 있으신 것 같은데 그 사실을 확인하고 싶어서요!" 하고 뜬금없이 자기소개를 해 버렸다.

가족의 역사를 쏩니다

얼마 지나지 않아 교감 선생님으로 불리는 남성이 옛날 교직원 명부를 갖고 왔다. 그분의 설명에 따르면 한림 소학교는 1945년에 개교했고, 교직원 명부는 1946년과 1947년에 작성되었다.

이연규 고모부의 이름은 1947년 4월 명부에 실려 있었다. "이연규, 강사, 본적지 한림면 귀덕리, 22세, 송정 공업학교 졸업."

22세면 일본식 나이로 21세다. 1947년 3월 1일에 시위 발생, 3월 10일부터 파업 시작, 3월 14일에 조병옥이 온 뒤로 체포당한 사람이 3월 18일에 200명, 4월 10일에 500명에 달했고, 그 후 체포자 수는 줄어들었다.

이 교직원 명부를 작성한 시점에 고모부는 어쩌면 벌써 체포당했을지도 모른다. 해당 페이지를 복사하고 한림 초등학교를 떠났다. 그때 내 학생증도 복사했다. 명함을 가지고 오지 않았으니 어쩔 수 없는 일이었다. 교토 대학 학생이라는 사실을 알자 교감 선생님은 자기 조카가 고베 대학에서 공부하는 중이라고 알려 주었다. 가깝다면 가까운 곳이다.

그다음에 송악산 해안으로 갔다. 이 해안에는 '대장금, 궁녀 장금이의 맹세'라는 간판이 서 있었다. 이곳의 동굴에서 이 드라마의 주인공이 제주도 유배 생활을 하는 장면을 촬영했다 한다.

규칙적으로 늘어선 동굴은 자연의 산물이 아니다. 태평양 전쟁 때 일본군이 특공대 '가이텐(回天)[*]의 출격 장소로 파 놓은 것이다. 제주도 이곳저곳에는 일본군의 유적이 있는데, 식민지 시대의 유적이자 4·3 사건과 관련 있는 장소인 이곳을 직접 보고 싶었다.

1945년 2월 발포한 '결 7호(決七號) 작전'에 의해 제주도에는 일본군이 다수 모여들었다. 결호 작전이란 미군과 벌일 본토 결전을 대비하는 육·해·공 군의 결전 작전을 가리킨다. 일본군은 미국의 본토 진출 루트를 7개 지역으로 예측하고 각 지역에 상응한 작전을 세웠다. 제주도는 그중 일곱 번째 지역이었다.

1945년 8월까지 제주도에 주둔한 일본군은 약 8만 4000명이다. 일본군은 항공 기지, 지하 참호, 해상 특공 기지 등 군사 시설을 섬의 남서부를 중심으로 건설하고자 했다. 현재 확인한 것만 해도 80개 이상 지역에 700개 이상의 동굴과 지하 참호를 파 놓았다.[7] 일본군 중 약 2만 명이 조선인 병사로 채워졌고, 그중 절반 이상이 병사라기보다는 동굴과 참호 건설에 종사한 육체노동자였으리라 여겨진다.

일본군은 미군이 상륙하면 해안선을 포기하고 서남부에서 주민을 끌어들인 지구전으로 대응할 계획을 세웠다.[8] 미군은 일본 본토에 상륙할 시기를 11월 1일로 예정해 놓았었다.

---

[*]　태평양 전쟁 당시 일본 해군이 개발한 인간 어뢰이자 일본군 최초의 특공 무기를 가리킨다.

만약 그 작전대로 전쟁이 이어졌다면 제주도에서도 오키나와에서와 비슷한 상황이 벌어졌을 것이다. 제주도가 '본토 결전'의 무대가 되지 않았던 것은 우연에 지나지 않는다.

적당히 가까운 곳에 있는 동굴에 들어갔더니, '○○와 △△의 영원한 사랑을 위해!'라는 낙서가 보였다. 잠시 뒤에 부 기사님의 안내로 동굴 약간 위쪽에 있는 기슭으로 올라갔다.

그때 불현듯 알아차렸다. 부 기사님의 뒷모습이 아버지나 큰아버지들과 똑같다는 사실을 말이다. 두툼한 어깨, 좀 튀어나온 엉덩이, 탄탄한 근육질, 거뭇하게 빛나는 팽팽한 목덜미……

바깥으로 나오니 날이 청명했다. 해가 저물고 바람이 불어 쌀쌀했다. 곳 앞으로 나아가니 비문이 보이고 옆에 해설판이 서 있었다. 그 곳은 본래 오름이라는 기생화산이다. 이 곳의 동굴에서, 1950년 한국전쟁이 발발했을 때 예비검속으로 붙잡힌 섬 주민 218명이 학살당했다. 이 사실은 2007년 11월에 밝혀졌다고 한다.

기억의
장소

해설판을 읽고 있는데 "저쪽을 봐요" 하고 부 기사님이 손가락으로 가리켰다. 그쪽을 보고 나도 모르게 "오오!" 하는 소리가 흘러나왔다.

한라산 정상은 3분의 1이나 구름 속에 파묻혀 있었는데, 어느새 날이 활짝 개어 바다와 산과 섬의 풍경이 시원하게 펼쳐졌다. 섬 전체에 작은 산들이 볼록볼록 솟아 있었다. 푸른 하늘은 분홍빛을 살짝 머금었고, 바다는 새파랗기 그지없고, 해안을 따라 파도가 바위에 부딪쳐 새하얗게 반짝거렸다.

그때 부 기사님에게 들은 한 마디를 결코 잊을 수 없을 것이다. 그는 감동한 내 모습을 보고 옅은 미소를 지으며 자랑스럽다는 듯 이렇게 말했다.

"아름다운 제주지요."

부 기사님이 이연규 고모부의 이 말을 알고 있을 리 없다. 알고 이렇게 똑같이 말했다면 얼마나 얄궂은 일일까. 그렇지만 그때 그 해안에서 바라본 초록과 파랑과 분홍과 하양의 풍경은 '아름다운 제주'라고 말할 수밖에 없었다.

그래서 지금 '아름다운 제주, 아름다운 제주' 하고 노래를 부르는 건 그런 역사가 있었기 때문이라고 생각해. 다들 어디론가 가 버렸으니까. 나야 얼간이라서 다행이었지만, 조금이라도 따지려는 놈, 이치에 맞는 말을 하는 놈은 모조리 낙인이 찍혀 도망치고 말았으니까. 그러니까 그런 골칫거리를 다 쓸어 냈으니까 아름다운 제주라고 말할 수 있는 게 아닐까 싶어. (2007년 11월 29일)

가족의 역사를 씁니다

봄이 되면 유채꽃이 핀 곳에 노란색 향연이 펼쳐질 것이다. 곧 봄이 올 것이다.

우리 부모님은 1979년 결혼식을 올렸다. 본래 풍습에 따르면 처가 쪽 친척들이 신랑에게 매질을 했어야 하는데, 아버지의 발바닥은 큰아버지들이 때렸던 듯하다.

신혼여행은 제주도로 떠났다. 광주민주화운동 1년 전으로, 한국에는 아직 민주화 시대가 찾아오기 전이었다.

여행 중 엄마는 제주도의 여성, 아버지는 서울 출신의 회사원으로 보인 듯, 운전기사가 "아저씨, 그 여자, 하룻밤에 얼마요?" 하고 묻는 바람에 아버지는 아는 제주도 방언과 오사카말로 분노를 터뜨린 듯하다.

엄마가 그때 찍은 사진에는 일본으로 오지 못한 친척이 있었다. 박난희 고모의 가족이다. 일찍 결혼해 박준자 고모를 맡아 키우던 박난희 고모는 자식을 다 키워 놓고 59세에 제주도에서 돌아가셨다. 공부하고 싶은 마음이 굴뚝같았기에 할머니가 공부를 허락하지 않아도 몰래 공부하던 분이다. 박정희 고모가 다방을 경영했을 때는 일본에 잠시 머물며 일을 하기도 했다.

지금 제주도에 있는 친척들의 묘는 모두 그녀의 아들(즉 사촌 형제)이 관리한다. 그녀의 가족이 없었다면 나와 제주도의 연결은 완전히 끊어졌을지도 모른다. 만약 우리와 제주도의 연결이 끊어진다면 어떻게 될까. 이른바 뿌리 없는 풀같이 되어 버릴까(사실 박성규 큰아버지가 돌아가시고 나서 나는 제주도의 사촌 형제들과 만난 적이 없다).

'뿌리 없는 풀'이라는 표현은 가네시로 가즈키(金城一紀)의 소설 『GO』에 나온다. 그 소설에서 재일코리안 주인공은 이렇게 말한다. "난 조선인도 아니고 일본인도 아니야. 다만 뿌리 없는 풀이야."

내가 나를 뿌리 없는 풀이라고 한다면 이제까지 나에게 이야기를 들려준 사람들에게 실례가 될 것이다. 왜냐하면 그 사람들은 일본에 뿌리를 내리려고 70년 동안이나 칠전팔기를 거듭해 왔기 때문이다. 그 사람들(과 그 세대)이 그토록 뿌리를 내리려고 노력해 온 덕분에 내가 이렇게 무사히 성장해서 이렇게 제주도를 찾아올 수 있었다.

일본으로 출발하는 날 제주국제공항에서는 중학생들이 설문조사를 하고 있었다. 제주도에 온 목적이 무엇인가, 언제부터 언제까지 머물렀는가, 제주도를 어떤 곳이라고 생각하는가 등등의 항목에 답변했다. 목적을 묻는 항목에 '관광'이라고 할까, '친지 방문'이라고 할까 망설이다가 두 군데에 다 동그라미를 그렸던 기억이 난다.

어떤 곳이라고 생각하느냐는 질문에는 "친절한 사람이 많고 매우 아름다운 섬"이라고 적었다. 빈정대려는 뜻은 아니었다.

가족의 역사를 씁니다

제주국제공항은 일본군이 제주도민을 강제 동원해 지은 시설이다. 이 공항의 활주로에서는 4·3 사건의 희생자 유골을 다수 발굴했는데, 아직 발견하지 못한 유골이 있을지도 모른다. 만약 그렇다면 비행기는 유골을 짓밟고 이륙하거나 착륙하는 셈이다.

　기억의 장소를 찾아가는 여행! 이것이 내 여행이었다. 이밖의 다른 방식으로 이 섬을 찾아올 수는 없을 것이다. 필시 앞으로도 그럴 것이다.

누구를 위해, 무엇을 위해 나는 '우리 집의 역사'를 쓰려고 했을까.

처음에는 친척이 들려주는 이야기를 그대로 받아쓰면 재미있는 글이 나올 수도 있지 않을까 생각했다. 나와 우리 집에 관한 독특한 제재는 내용이 어떠하든 사람들에게 칭찬받을 것이고 공격당하지 않으리라 만만하게 여겼다. 그러나 졸업논문조차 만족스럽게 쓸 수 없었다. 그걸 깨달은 다음에는 제주 4·3 사건의 증언을 모아 보면 어떻게든 되지 않을까 하는 생각이 들었다.

그것도 착각이었다. 이를테면 박정희 고모와 같이 4·3 사건의 기억이 없는 경우를 어떻게 이해하면 좋을지 알 수 없었다. 또는 박준자 고모처럼 '무서운 일'이 역사적 사건이 아니라 가족이 행사한 구체적인 폭력이었다고 말하면, 그 일을 어떻게 기술해야 할지도 감을 잡을 수 없었다.

이야기를 어떻게 이해해야 좋을까? 이 문제는 개인이 과거를 회상해 들려준 이야기와 과거의 사실을 기술하는 일 사이의 관계 속에서 발생한다.

예를 들어 4·3 사건에 대한 '기억의 부재'는 누구에게 또는 어떤 경우에 문제가 될까? 물론 4·3 사건의 증언을 모으고 싶은 사람에게는 문제가 되겠지만, 그렇지 않다면 딱히 문제가 되지 않는다. 심지어 '오무라 수용소가 즐거웠다'는 발화는 오무라 수용소를 긍정적으로 평가하고 싶은 사람에게 환영받을 것이다. 다른 문맥은 고려하지 않고 특정한 발언만 떼어내서 '실증적'이라고 말하고 싶은 사람에게는 말이다.

과거를 이야기하는 형식도 이야기를 이해하고 과거의 사실을 기술하는 데 영향을 준다. 체험은 기억 속에 녹아든 상태로 떠올려진다. 발화자의 머릿속에서는 앞뒤가 유기적으로 이어진 완성된 서사일 수 있으나, 듣는 이의 입장에서는 맥락 없이 떠도는 이야기 조각들일 수 있는 것이다(내가 처음 정희 고모의 이야기를 들었을 때 어리둥절해한 데에도 그런 이유가 있다). 상황이 그러하면 누군가의 과거 이야기를 듣고 '무슨 소리인지 모르겠다'고 느끼기도 하고, 들은 말을 그대로 글자로 옮겨 인용하는 것만으로 글을 쓰기 어려운 처지에 놓일 수 있다.

그렇다면 남에게 들은 말을 그대로 활용할 수 없다는 이유로 저자가 마음대로 이야기를 편집해도 괜찮을까? (어쩌면 있는 그대로 받아적은 듯한 글일지라도 실은 상당한 편집을 거쳤을지도 모른다.) 만약 편집해도 된다면 어느 정도까지 괜찮을까?

구술 자료를 어떻게 편집해야 하는가의 문제는 역사 기술에서 지극히 중요할 수 있다. 예를 들어 일본군 위안부 피해자의 이야기는 어떻게 편집해야 하는가에 대해서 야마시타 영애(山下英愛)가 「한국의 '위안부' 증언 채록 작업의 역사―기억과 재현을 둘러싼 대응」[1]에서 서술했듯, 그것은 학문적으로는 물론이고 때로는 정치적으로도 심각한 문제가 될 수 있다.

과거를 회상하고 이야기하는 일과 그 이야기를 글로 쓰는 일의 관계 속에서 발생하는 또 하나의 문제가 있다. 바로 과거를 회상하고 이야기할 때는 듣는 사람이나 기록하는 사람이 반드시 그 자리에 존재한다는 사실이다. 기억이란 고정되어 보존되기보다는 순간순간 상기되는 식으로 존재하므로, 듣는 이(쓰는 이)의 영향 때문에 회상의 내용이 달라질 수 있는 것이다. 따라서 누군가 이야기할 때 그 이야기를 듣는 이(쓰는 이)가 어떻게 자리매김해야 하는지 역시 연구에서 중요한 문제가 된다.

그렇더라도 과거가 떠올려지고, 과거의 사실이 존재하고, 과거의 일을 사실로 기술 가능하다는 것은 모두 동시에 성립한다.

기억이 누군가에 의해 떠올려진다는 것, 즉 회상하는 사람 옆에 누군가 반드시 존재한다는 것, 기억과 다른 차원에서 과거의 사실이 존재한다는 것, 그리고 과거의 사실을―물론 완벽하지는 않더라도―사실로 기술할 수 있다는 것을 모두 부정하는 연구자가 있을지라도, 그의 일상생활은 그렇지 않을 것이다. "어제 여기에 있던 인감 못 봤어요?", "그거, 당신이 가방에 넣지 않았어요?"와 같은 대화를 해 보지 않은 사람이 있을 리 없기 때문이다.

'공백'이라는 문제도 있다. 공백에는 몇 가지 종류가 있다.

우선 과거의 기억은 늘 일면적이고 아무리 해도 '이야기할 수 없는 것'이 발생한다는 의미에서의 공백이다. 과거의 기억은 일면적이기 때문에 일관된 맥락으로 이야기할 수 있다. 기억만 그런 것이 아니다. 현실의 어떤 일을 기술할 때도 마찬가지다. 그렇게 일면적으로 기술하기 때문에 정보에 '빈틈'이 생긴다.

이런 일이 생기는 이유는, 엄청난 양의 정보에 늘 압도당하며 살아가는 속에서 우리가 무언가를 '어떤 뜻인지 알겠다'는 식으로 이해하기 위해 정보를 취사선택하기 때문이다. 그래서 불가피하게도 '그때 그곳에' 있던 것을 모조리 완벽하게 기억하지도 이야기하지도 못한다. 따라서 연구자는 다른 처지에 놓인 사람들도 다수 모아야 하고, 다른 자료도 풍부하게 수집해야 한다.

다른 정보를 알고 나서야 비로소 데이터에 공백이 있다고 알아챌 수도 있다. 이를테면 니시카와 유코(西川祐子)가 저서 『고도의 점령―생활사로 본 교토 1945~1952(古都の占領―生活史からみる京都 1945~1952)』에 서술했듯, 공백은 동시대의 방대한 자료를 읽는 가운데 "있어도 이상하지 않은 일인데 존재하

지 않는군!" 하는 깨달음을 통해 인식될 수도 있다.

4·3 사건만 하더라도 이야기할 수 없는 것이 셀 수 없이 많으리라. 4·3 사건의 기억이지만 말할 수 없는 것은 물론이고, 4·3 사건으로서 기억하지 못하는 이야기도 있을 것이다. 따라서 이야기할 수도 없고 알지도 못하는 '4·3 사건'이나 '밀항'이 아직도 숱하게 존재할 것이다.

그때 그곳에 있었고 그 상황을 체험한 것이 틀림없는 사람이 그 일을 기억할 때 어떤 특정한 사건으로 이해하지 않고 있다면, 과연 그 모습을 어떻게 이해해야 좋을까.

나는 그 일이 그 사람에게 어떤 '사건'이 되지 못한 이유를 검토한 뒤, 그렇다면 그가 그 일을 어떻게 이해하고 있는지 헤아려 보고자 했다. 다시 말해 고모들, 내가 만나 온 재일조선인 1세 여성들이 종종 사용하는 어구―"말로는 표현할 수 없어"―를 어떻게 이해해야 하는지 궁리했던 것이다.

그들의 과거는 '이야기할 수 없는 것'이 아니다.

박정희 고모와 박준자 고모가 그러했듯 그들은 종종 자신의 과거를 막힘 없이 술술 이야기한다. 세미링구얼(semi-lingual)*/더블 리미티드 바이링구얼(double limited bilingual)** 상

---

* 복수의 언어를 알고 있지만 어휘력이 부족하거나 문법을 틀리는 등 연령에 상응하는 하나의 언어를 습득하지 못한 상태를 가리킨다. 요컨대 모국어처럼 자유롭게 사용할 수 있는 언어가 하나도 없는 상태를 말한다.

** 두 언어를 사용하는 환경에 놓여 있지만 두 언어의 사용 수준이 해당 연

황에 놓이지도 않았고, '재일조선인'이라든지 '1세'라든지 '여성'과 같은 집합 개념과 관련해 개인의 체험을 이야기하지도 않았지만, 그들은 그들의 역사를 살아 내고 있다. 그들의 언어를 어떻게 분석하고 검토하느냐는 문제는 그들이 아닌 다른 사람이 해야 할 일일지도 모른다.

나는 우리 친척의 단편적인 이야기를 역사 속에 자리매김하고, 그들이 '몰라', '말할 수 없어'라고 말한 부분을 역사로 만들고 싶다는 생각을 품어 왔다. 나는 그들의 기억을 계승할 수 없기 때문이다.

누구의 역사인가? 무엇을 위한 역사인가? 이런 생각을 처음으로 품게 된 건 물론 나 개인의 사정 때문이었다. 나는 내가 왜 일본에 있는지 알지 못했다. 왜 이런 이름으로 이런 삶을 계속 살아가야 하는지 알지 못했다. 그래도 그 나름대로 삶의 의의가 있을 것이라고 확신했다. 그렇지 않았다면 계속 앞으로 나아가지 못했을 것이다. 그 삶의 의의는 무엇일까?

아버지와는 다소 서먹한 사이였지만 아버지에게 맞춰 살아온 엄마 덕분에 나는 태평하게 자랐다. 그래서일까. 친척들이 들려준 제주도 시절과 일본으로 밀항하며 겪은 일을 비롯

령에 상응하지 못한 상태를 가리킨다.

해 그간 걸어온 인생 이야기는 경이로움 그 자체였다. '어머나, 그런 일이 있었구나!' 생각하며 시간 가는 줄 모르고 재미있게 들었다.

아마 그들과 같은 세계에 살지 않았기 때문에 재미를 느꼈을 것이다. 우리 아버지는 형제자매 중에 제일 귀여움을 받아 대학까지 갔다. 덕분에 형이나 누나 들과 직업이 달랐다. 그런 아버지를 둔 덕분에 친척들과 거리를 두고 성장한 내게 그들은 재미있는 사람이었다. 언젠가 제삿날, 사촌 형제의 배우자 여성이 일본인인 우리 엄마에게 "한국인이 모두 이렇다고 생각하지는 말아 주세요" 하고 걱정스러운 얼굴로 말한 일이 떠오른다. 어쩌면 일본인 중에도 그들을 재미있다고 느끼는 사람이 있을지도 모르겠다.

한편, 그들의 역사를 쓴다는 것은 그들이 계속 살아 있을 수 없다는 것, 그들의 세계가 끝나 간다는 것과 동전의 양면 같은 일이다. 물론 큰아버지께 "우리 집의 역사를 쓸 겁니다" 하고 말했을 때 내 의식에는 그런 생각이 끼어들지 못했다. 하지만 그렇게 말했을 때는 큰아버지들 중 절반이 이미 세상을 떠난 뒤였고, 박성규 큰아버지는 폐암을 앓고 계셨다. 박성규 큰아버지는 내 말을 듣고 어떤 생각이 들었을까?

나는 우리 집의 역사를 쓰고자 했다. 큰아버지와 고모 들의 존재를 역사로 남기고 싶었다. 멀지 않은 장래에 그들은 다 세상을 떠날 테고, 그들이 내게 열어 준 세계 역시 더 이상 살아 있는 세계로서 접근할 수 없을 것이기 때문이었다.

그들이 들려준 이야기는 일본인에게 '공백'일지도 모른다. 하지만 내게는 그것이야말로 과거다. 그래서 그 이야기가 다른 사람들에게 공백일 거라고는 상상도 하지 못했었다.

역사 속에는 내가 모르는 숱한 공백들이 있을 것이다. 패전후 오늘날까지로 시간을 한정하면, 식민지에서 귀환한 일본인이나 장애인, 피차별 부락 출신자가 살아온 전후의 세계나 지금의 세계는 내게 공백이다[그 세계를 살아온 사람들에게 역시 자신들의 세계와 또 하나의(다수자의) 세계라는 두 세계가 있다]. 그 세계는 나의 세계와 전혀 다른 세계, 즉 애당초 존재한다는 생각조차 하지 못한 세계다. 당연하게 그 세계에서도 사람들은 살아왔다. 그들의 과거와 현재를 살아가고 있다. 기억 속에서 과거의 다양한 경험은 서로 녹아들어 하나가 되었고, 그들은 그 경험과 더불어 살아가고 있다. 과연 그 사람들은 무엇을 체험하고 무엇을 선택해 왔을까?

그들이 살아가는 세계는 일본인이 쌓아 올린 전후 사회의 규범과 지식을 공유하고 있다. 그렇지 않다면 그들의 세계를 이해하지도 못하고 기술하지도 못할 것이다. 동시에 그들의 세계에만 있는 지식과 규범도 있다. 그 공백을 글로써 메운다면 재미있다는 말을 들을 것이고 의의가 있다고 여겨질 것이다.

누구를 위해, 무엇을 위해, 나는 '우리 집의 역사'를 쓰려고 생각했을까.

처음에는 물론 나 자신을 위해서였다. 나는 왜 이곳에 있고, 이런 생각을 해야 하는지 알고 싶었다. 지금은, 어쩌면 공백을 메우는 데 도움이 되지 않았을까 하는 생각도 든다.

기억에 의해 서술이 가능해지는 역사가 있다고 나는 믿는다. 조사 현장에서 이야기하는 것과 이야기하지 않는 것, 과거를 이해하는 방식과 과거를 떠올리는 방식, '이면'이 존재하는 이야기와 존재하지 않는 이야기, '입 밖으로 꺼낼 수 없는 것'이나 '말할 수 없는 것' 자체 등등, 이와 같은 여러 사정을 딛고서 글로 써 낼 수 있는 과거가 있다. 그것은 역사학에 속하는 동시에 사회학에 속할 것이다.

다양한 기록은 분명히 여러 공백을 메울 것이다. 또는 존재하지 않는다고 여겼던 공백이 엄연히 존재한다는 것을 드러내 주리라.

그러나 역사를 서술하는 것도, 공백을 메우는 것도, 공백을 드러내는 것도, 큰아버지나 고모 들을 위해서는 아니다. 아마도 그분들께 "제가 썼습니다" 하고 이 책을 들고 간다면, 필시 "못 읽겠어", "모르겠어", "이런 걸 내가 읽을 거라고 생각했냐?"라고 말하면서 책 모서리로 내 머리를 때리려 들든지, 아니면 "이 책을 팔면 얼마나 받니?" 하고 돈 얘기를 시작할 테니까.

*

큰아버지, 고모 들이 아니었다면 이 책을 쓸 수 없었을 것이다. "당신들께서 저를 여기까지 끌고 오셨어요. 제 곁에 계시면서 이야기를 해 주신 덕분에 지금처럼 살아갈 수 있습니다. 어떻게 말씀드려야 좋을지 모르겠어요. 무언가 말씀드리면 '얘가 무슨 소리를 하는지 도통 모르겠군' 하실 것 같지만, 감사합니다."

강의 시간에 과제를 내 주신 교토대학 문학연구과 오치아이 에미코(落合惠美子) 선생님이 계시지 않았으면, 이 책을 쓸 수 없었을 뿐 아니라 사회학을 공부해야겠다는 생각도 못 했을 것이다. 예전에 오치아이 선생님이 "책으로 낼 때까지 밀고 나가라"고 해 주신 말씀이 이 책의 산파가 되었다(덧붙여 오치아이 선생님의 첫 연구는 산파였던 당신 할머니의 생활사였다).

치쿠마쇼보(筑摩書房)의 시바야마 히로키(柴山浩紀) 씨는 이 책 원고의 연재를 제안해 주고 집필을 격려해 주었다. 그가 없었다면 이 책은 빛을 보지 못했을 것이다. 이런 형태로 책을 세상에 내놓으리라고는 상상도 못 했는데, 지금은 다른 형태로 이 책을 세상에 내놓으리라고 상상하지 못한다.

4·3 사건 70주년 늦여름
박사라

여는 글

1   때때로 재류(在留) 카드·특별영주자 증명서의 '국적·지역' 항목에 '조선'
    으로 기재된 사람을 '북조선 국적' 보유자라고 오인하는 사람이 있는데,
    그렇지 않다. 왜냐하면 예전의 외국인 등록 증명서, 현재의 재류 카드에
    기재한 '조선'이라는 표기는 단지 '구 식민지 조선의 출신'임을 의미하기
    때문이다. 1947년 5월 2일 외국인등록령을 시행했을 당시, 조선인은 일
    본 국적의 보유자였음에도 외국인으로 등록되었다. 그때 국적 칸에 '조
    선'으로 표기했다. 1948년에 대한민국과 조선민주주의인민공화국이 성
    립하자 '조선' 표기를 둘러싼 다양한 논쟁과 운동이 벌어졌으나, 1965년
    한일조약 비준 이후 대한민국의 국적을 취득한 사람은 '한국'으로 바꿀
    수 있었다. 요컨대 '조선' 국적이란 외국인등록령을 시행할 당시 외국인
    등록증에 조선반도 출신자와 그 자손의 출신지를 표기한 것일 따름이
    다. 따라서 '조선' 국적이 곧 '북조선' 국적은 아니다.

제1장 생활사를 쓰다

1   桜井厚, 『인터뷰의 사회학—생활사를 듣는 방법(インタビューの社会
    学—ライフストーリーの聞き方)』, せりか書房, 2002년, 63쪽.
2   Alessandro Portelli, 『구술사란 무엇인가(オーラルヒストリーとは何か)』,
    朴沙羅 옮김, 水声社, 2016, 125쪽.
3   桜井厚, 앞의 책, 171쪽.
4   石川良子, 「'대화'를 향한 도전(〈対話〉への挑戦)」, 桜井厚·石川良子編, 『생

활사 연구에 무엇이 가능할까—대화적 구축주의의 비판적 계승(ライフ
ストーリー研究に何ができるか—対話的構築主義の批判的継承)』, 新曜
社, 2015년, 217~248쪽.

5 桜井厚, 앞의 책, 171쪽.

6 Daniel Bertaux, 『생활사—에스노 소시올로지의 전망(ライフストーリ
ー—エスノ社会学的パースペクティブ)』, 小林多寿子 옮김, ミネルヴァ
書房, 2003년. 원제: *Le Récit de Vie*.

7 Peter Burke, 『역사학과 사회이론(歴史学と社会理論)』, 佐藤公彦 옮김, 慶
應義塾大学出版会, 2009년.

8 前田拓也·秋谷直矩·木下衆·朴沙羅編, 『최강의 사회조사 입문(最強の社会
調査入門)』 후기, ナカニシヤ出版, 2016년.

제2장 아무도 모른다 ─ 이연규 고모부

1 제주도청, 『제주 도세 요람(齊州島勢要覽)』, 1924년, 40쪽.

2 熊谷明泰, 「상벌 표상을 사용한 조선총독부의 '국어 상용' 운동: '벌례',
'국어 상용 가정', '국어 상용장'(賞罰表象を用いた朝鮮総督府の「国語常
用」運動：「罰札」、「国語常用家庭」、「国語常用章」)」, 『간사이 대학 시청
각 교육(関西大学視聴覚教育)』 vol. 29, 2006년, 55~77쪽.

3 文京洙, 『제주도 현대사—공공권의 사멸과 재생(済州島現代史—公共圏
の死滅と再生)』, 新幹社, 2005년, 65쪽.

4 앞의 책, 69쪽.

5 제주지방경찰청, 『제주 경찰사(齊州警察史)』 개정판, 2000년, 290쪽.

6 앞의 책, 297쪽.

7 『제민일보』, 1947년 4월 28일.

8 "Report of Special Investigation-Governor, Ryu, Hai Chin of Cheju-do
Island," March 11, 1948.

9 정식으로는 '서북청년회'지만, 제주도에서는 '서북청년단'(약칭 '서북')
이라고 부르는 것이 일반적이었다. 1946년 11월 한반도 북부 출신자의
지역별 우익 청년단체를 통합해 결성했고, 1948년 12월 이승만 대통령
의 지시에 따라 대한청년단에 참가하고 해산했다. 제주도에는 1947년
3·1절 발포 사건 후 경찰의 보조기구로 편성되어 4·3 사건 발생 후 추가
로 파견되었다. 자세한 사항은 金石範·金時鐘, 『왜 계속 글을 써 왔는가,

왜 계속 침묵해 왔는가—제주도 4·3 사건의 기억과 문학(なぜ書きつづ
けてきたか なぜ沈黙してきたか—済州島四·三事件の記憶と文学)』(平凡
社, 2001) 또는 藤永壯·伊地知紀子 외, 『해방 직후·재일 제주도 출신자의
생활사 조사(4·상)(解放直後·在日済州島出身者の生活史調査 (4·上))』 등
을 참조.

10　村上尚子, 「4·3 시기의 '재일 제주인'(四·三時期の「在日済州人」)」, 『재일
　　　제주인의 삶과 제주도(在日済州人の生と済州島)』, 제주대학교 탐라문화
　　　연구소, 2005년, 35쪽.

11　藤永壯·伊地知紀子 외, 『해방직후·재일 제주도 출신자의 생활사 조사(5·
　　　상)(解放直後·在日済州島出身者の生活史調査 (5·上))』, 2008년, 121쪽.

제3장 일인칭 주인공 시점의 역사 — 박정희 고모

1　衫原達, 『국경을 넘는 민중—근대 오사카의 조선인 역사 연구(越境する
　　民—近代大阪の朝鮮人史研究)』, 新幹社, 1998년.

2　金英達, 『재일조선인의 역사(在日朝鮮人の歷史)』, 明石書店, 2003년, 115
　　쪽, 표4.

3　大阪府学務部社会課, 『수상생활자 조사(水上生活者調査)』, 2쪽·제2표, 3
　　쪽·제5표.

4　小熊英二·姜尚中, 『재일 1세의 기억(在日一世の記憶)』, 集英社新書, 2008
　　년, 580쪽.

5　같은 시기에 신촌리에 살던 이건삼(李健三) 씨는 자신의 고모가 길가에
　　서 "죽어 버려" 하고 말하는 것을 들었다고 기억한다(藤永壯·伊地知紀子
　　외, 『해방직후·재일 제주도 출신자의 생활사 조사(4·상)(解放直後·在日
　　済州島出身者の生活史調査(4·上))』, 2007년, 106쪽). 신촌리는 동과 서로
　　나뉘었고, '공산당이 된 자와 반대하는 자'로 나뉘었다.

6　『쓰시마신문』1950년 1월 24일, 출처: 村上尚子, 「4·3 시기의 '재일 제주
　　인'(四·三時期の「在日済州人」)」, 『재일 제주인의 삶과 제주도(在日済州人
　　の生と済州島)』, 제주대학교 탐라문화연구소, 2005년, 34쪽.

7　朴正功, 『오무라 수용소(大村収容所)』, 京都大学出版会, 1969년, 42쪽.

8　앞의 책, 192쪽.

9　在日朝鮮人の人權を守る会, 『재일조선인의 법적 지위: 박탈당한 기본
　　인권의 실태(在日朝鮮人の法的地位 : はく奪された基本的人権の実態)』,

1964년, 123쪽.

10 法務省, 『체류 외국인 통계(在留外国人統計)』, 1960년, 28~33쪽.

제4장 재일코리안 1세의 전형적인 삶 — 박성규 큰아버지

1   日本戦災遺族会編, 『1988년도 전국 전쟁 피해의 역사적 사실 조사 보고서: 전쟁으로 희생당한 국민의 교통에 관한 기록의 수집(昭和六三年度 全国戦災史実調査報告書: 戦災により犠牲を被った国民の交通に関する記録の収集)』, 1998년, 73~74쪽.

2   文京洙, 『제주도 4·3 사건(済州島四·三事件)』, 岩波現代文庫, 2018년, 40쪽.

3   제민일보 4·3 취재반, 『제주도 4·3 사건(済州島四·三事件)』 제1권, 文京洙·金重明 옮김, 新幹社, 1994년, 126~127쪽.

4   제주 4·3 특별법 제2조.

5   제주 4·3 사건 진상규명 및 희생자명예회복 위원회, 『제주 4·3 사건 진상 조사보고서』 일본어판, 2003년, 553~554쪽.

6   藤永壯·伊地知紀子 외, 『해방직후·재일 제주도 출신자의 생활사 조사(2)(解放直後·在日済州島出身者の生活史調査(2))』, 2001년, 65쪽.

7   2014년 3월 30일 "잠들지 않는 남도⋯ 4·3 '비극의 역사' 증언 계속된다", 2018년 8월 10일 취득: http://japanhani.co.kr/arti/politics/17036.html [2023년 2월 현재 다음 웹페이지에서 확인 가능: https://www.hani.co.kr/arti/society/area/630517.html]

8   제민일보 4·3 취재반, 앞의 책 제4권, 355쪽.

9   제주 4·3 사건 진상규명 및 희생자명예회복 위원회, 앞의 책, 338쪽.

10 제민일보 4·3 취재반, 앞의 책 제4권, 357쪽.

11 제민일보 4·3 취재반, 앞의 책 제4권, 358~359쪽.

12 제민일보 4·3 취재반, 앞의 책 제4권, 360쪽.

13 藤永壯·伊地知紀子 외, 앞의 책, 77쪽.

14 藤永壯·伊地知紀子 외, 『해방직후·재일 제주도 출신자의 생활사 조사(4·상)(解放直後·在日済州島出身者の生活史調査(4·上))』, 2007년, 38쪽.

15 제민일보 4·3 취재반, 앞의 책 제1권, 7쪽.

16 『かけはし』 2008년 4월 28일호, 「済州島四·三事件60周年—大阪の証言」, 2017년 12월 25일 취득: http://www.jrcl.net/frame080428h.html

17 박종명(朴鐘明)의 증언: 小熊英二·姜尚中, 『재일 1세의 기억(在日一世の記憶)』, 集英社新書, 2008년, 439쪽.

18 앞의 책, 440쪽.

19 「'부풀린' 옛날이야기를 들으러 가다(昔の「盛ってる」話を聞きに行く)」, 前田拓也·秋谷直矩·木下衆·朴沙羅編, 『최강의 사회조사 입문(最強の社会調査入門)』, ナカニシヤ出版, 2016년.

20 土志田正一編, 『경제 백서로 읽는 전후 일본 경제의 발걸음(経済白書で読む戦後日本経済の歩み)』, 有斐閣選書, 2001년, 23쪽.

제5장 말할 수 없는 이야기 ― 박준자 고모

1 文京洙, 『済州島四·三事件』, 岩波現代文庫, 2018년, 147~148쪽.

2 조천면국민학교 편, 『신촌(新村) 향토사』, 27쪽.

3 夫萬根 편, 『광복 제주 30년(光復齊州30年)』, 文潮社, 1975년.

4 高鮮徽, 『20세기 재일 제주도인(20世紀の滞日済州島人)』, 明石書店, 1999년, 185쪽.

5 金正根·園田恭一·辛基秀編, 『재일 한국·조선인의 건강·생활·의식―인구집단의 생태와 동태를 둘러싸고(在日韓国·朝鮮人の健康·生活·意識―人口集団の生態と動態をめぐって)』, 明石書店, 1995년, 187쪽.

6 앞의 책, 189~191쪽.

7 고모가 태어났을 때 호적 작성 시기가 달라졌을 가능성이 있다. 어쩌면 1943년 12월에 출생했는데 1944년 2월에 호적에 올렸을지도 모른다.

8 大門正克, 『이야기하는 역사, 듣는 역사―구술사의 현장에서(語る歴史, 聞く歴史―オーラル·ヒストリーの現場から)』, 岩波新書, 2017년, 122쪽.

제6장 아름다운 제주 ― 나의 제주 답사

1 衫原達, 『국경을 넘는 민중―근대 오사카의 조선인 역사 연구(越境する民 ―近代大阪の朝鮮人史研究)』, 新幹社, 1998년, 117쪽.

2 1922년은 枡田一二, 『마쓰다 이치지 지리학 논문집(桝田一二地理学論文集)』, 弘詢社, 1976년, 109쪽. 1933년은 제주도청, 『제주 도세 요람(齊州島勢要覽)』, 1939년(재수록: 景仁文化社, 『한국지리 풍속지 총서 제주 도

세 요람: 제주도』, 1994년, 12쪽).

3   『제주 도세 요람』, 7쪽.

4   『제주 도세 요람』, 11쪽.

5   『제주 도세 요람』, 12쪽.

6   다만 1951년 9월에 간이 인구조사를 실시했는데, 5만 4041호, 26만 6419명이었다(文京洙, 『제주도 4·3 사건(済州島四·三事件)』, 岩波現代文庫, 2018년, 권말 연표 5쪽).

7   앞의 책, 40쪽.

8   앞의 책, 동일.

맺는 글

1   上野千鶴子·蘭信三·平井和子, 『전쟁과 성폭력의 비교사를 향하여(戦争と性暴力の比較史へ向けて)』, 岩波書店, 2018년, 제1장.

참고문헌

사회조사, 구술사에 대하여

· 石川良子, 「'대화'를 향한 도전(〈対話〉への挑戦)」, 桜井厚·石川良子編, 『생활사 연구에 무엇이 가능할까―대화적 구축주의의 비판적 계승(ライフストーリー研究に何ができるか―対話的構築主義の批判的継承)』, 新曜社, 2015년.

· 上野千鶴子·蘭信三·平井和子, 『전쟁과 성폭력의 비교사를 향하여(戦争と性暴力の比較史へ向けて)』, 岩波書店, 2018년.

· 大門正克, 『이야기하는 역사, 듣는 역사―구술사의 현장에서(語る歴史, 聞く歴史―オーラル·ヒストリーの現場から)』, 岩波新書, 2017년.

· 桜井厚, 『인터뷰의 사회학―생활사를 듣는 방법(インタビューの社会学―ライフストーリーの聞き方)』, せりか書房, 2002년.

· Peter Burke, 『역사학과 사회이론(歴史学と社会理論)』, 佐藤公彦 옮김, 慶應義塾大学出版会, 2009년. 원제: *History and Social Theory*.

· Alessandro Portelli, 『구술사란 무엇인가(オーラルヒストリーとは何か)』, 朴沙羅 옮김, 水声社, 2016. 원제: *The Death of Lui Trastulli and Other Stories*.

· 前田拓也·秋谷直矩·木下衆·朴沙羅編, 『최강의 사회조사 입문(最強の社

会調査入門)』, ナカニシヤ出版, 2016년.

재일코리안에 대하여

· 小熊英二·姜尚中, 『재일 1세의 기억(在日一世の記憶)』, 集英社新書, 2008년.

· 金正根·園田恭一·辛基秀編, 『재일 한국·조선인의 건강·생활·의식─인구 집단의 생태와 동태를 둘러싸고(在日韓国·朝鮮人の健康·生活·意識─人口集団の生態と動態をめぐって)』, 明石書店, 1995년.

· 金英達, 『김영달 저작집 3 재일조선인의 역사(金英達著作集 3 在日朝鮮人の歴史)』, 明石書店, 2003년.

· 杉原達, 『국경을 넘는 민중─근대 오사카의 조선인 역사 연구(越境する民 ─近代大阪の朝鮮人史研究)』, 新幹社, 1998년.

· 田中宏, 『재일 외국인 제3판─법의 벽, 마음의 도랑(在日外国人 第三版─法の壁、心の溝)』, 岩波新書, 2013년.

· 中村一成, 『르포 사상으로서 조선 국적(ルポ 思想としての朝鮮籍)』, 岩波書店, 2017년.

제주도, 제주 4 · 3 사건에 대하여

· 蘭信三 편저 『일본 제국을 둘러싼 인구 이동의 국제사회학(日本帝国をめぐる人口移動の国際社会学)』, 不二出版, 2008년.

· 金時鐘, 『이카이노 시집(猪飼野詩集)』, 岩波現代文庫, 2013년.

· 金石範·金時鐘著, 文京洙編, 『왜 계속 글을 써 왔는가, 왜 계속 침묵해 왔는가─제주 4·3 사건의 기억과 문학(なぜ書きつづけてきたか なぜ沈

黙してきたか―済州島四・三事件の記憶と文学)』, 平凡社ライブラリー, 2015년.

· 金石範, 『까마귀의 죽음 꿈, 뿌리 찾기(鴉の死 夢、草深し)』, 小学館文庫, 1999년.

· 金昌厚, 『한라산에 해바라기를―제주 4·3 사건을 체험한 김동일의 세월(漢拏山へひまわりを―済州島四・三事件を体験した金東日の歳月)』, 李美於 옮김, 新幹社選書, 2010년. 한글판: 『자유를 찾아서―김동일의 억새와 해바라기의 세월』(선인, 2008).

· 高鮮徽, 『20세기 재일 제주도인(20世紀の滯日済州島人)』, 明石書店, 1999년.

· 제주도청, 『제주 도세 요람(齊州島勢要覽)』, 1924년.

· 제주도청, 『제주 도세 요람(齊州島勢要覽)』, 1939년, 재수록은 景仁文化社, 『한국 지리 풍속지 총서 제주 도세 요람―제주도』, 1995년.

· 제민일보(済民日報) 4·3 취재반, 『제주도 4·3 사건(済州島四・三事件)』 (전 6권), 文京洙·金中明 옮김, 新幹社, 제1권 간행은 1994년.

· 文京洙, 『제주도 현대사―공공권의 사멸과 재생(済州島現代史―公共圏の死滅と再生)』, 新幹社, 2005년.

· 文京洙, 『제주도 4·3 사건―'섬나라'의 죽음과 재생의 서사(済州島四・三事件―「島のくに」の死と再生の物語)』, 岩波現代文庫, 2018년.

한국 현대사에 대하여

· 木村幹, 『한국 현대사―대통령들의 영광과 차질(韓国現代史―大統領たちの栄光と蹉跌)』, 中央新書, 2008년.

· 水野直樹·文京洙, 『재일조선인―역사와 현재(在日朝鮮人―歷史と現

在)』, 岩波新書, 2015년.

· 李鐘元·木宮正史·磯崎典世·浅羽祐樹, 『전후 일한 관계사(戦後日韓関係史)』, 有斐閣アルマ, 2017년.

가족의 역사를 씁니다

연도	가족	제주도	한반도	동북아시아
1908	박희방 출생			
1910	김영홍 출생		일본의 한국병합, 토지조사법 제정	
1915		도제(島制) 시행으로 제주군(郡)이 제주도(島)로 변경		
1919		조천면 일대에서 독립운동	3·1 독립운동	5·4 운동
1922		기미가요마루 취항		
1925	이연규 출생			
1927	박희방·김영홍 결혼			
1928	박제규 출생			
1929	박인규 출생			세계 경제공황
1931		제주면이 제주읍으로 승격		만주사변
1932	박난희 출생	해녀의 항일운동		만주국 건국
1933		돈벌이를 위한 외유를 제주도청에서 제한		
1935	박정희 출생			
1937				중일전쟁 발발, 난징 대학살
1938	박성규 출생		제3차 조선교육령 공포	
1939	이즈음 고베시 후 키아이구로 이주한 것으로 추정			노몬한 전투

1940	박영희 출생			창씨개명 실시	독일·이탈리아·일본의 삼국 군사동맹
1941	박정희가 소학교 입학한 것으로 추정				태평양 전쟁 발발
1942	고베시 후키아이구에서 오사카부 후세시로 이주, 박동규 출생			징병제·국어 상용 운동 실시	
1944	박준자 출생, 박정희가 아동 소개(疏開)를 위해 후쿠이현으로 피란				
1945	이연규가 한림 소학교 강사로 취임 6월: 오사카부에서 와카야마현을 거쳐 제주도 조천면 신촌리로 돌아감 9월: 신촌 국민학교 개교	2월: 결 7호 작전 계획에 따라 일본군 8만 4000명 결집 9월: 제주도 건국준비위원회 결성 (이후 인민위원회로 개편) 10월: 일본군 철수 시작 11월: 미군 제20연대 제59군 중대 도착	9월: 김일성이 원산에 상륙하고 조선인민공화국 수립을 선언, 미군 제24군단이 인천에 상륙하고 미군정청 설치	8월: 일본 항복		
1946	박인규가 다시 일본으로 도항	8월: 도제(道制) 시행, 콜레라 유행으로 350명 이상 사망	10월: 10월 항쟁 11월: 남조선노동당 결성, 서북청년회 결성	제1차 인도차이나 전쟁		

1947	박원규 출생 3월: 이연규가 파업 참가 혐의로 체포된 뒤 재판에서 실형을 받고 목포형무소에 수감	2월: 본토에서 경찰관 100명 도착 3월: 3·1절 발포 사건, 섬 전체가 파업에 돌입, 조병옥 경무부장의 제주 방문과 응원 경찰 222명 파견 4월: 파업에 따른 검거자 수가 500명에 달함	7월: 여운형 암살 10월: 미소공동위원회 무기한 휴회	5월: 일본에서 외국인등록령 시행
1948	3월: 이연규가 형기를 마치고 석방된 뒤 일본으로 도항 4월: 신촌리의 투표소가 습격당해 선거 명부를 분실 11월: 토벌대가 신촌리 주민 학살	4월: 무장봉기(제주도 4·3 사건)가 일어나 섬의 각지에서 투표소 등을 습격 5월: 제주도 선거구 두 곳의 투표에 무효 선언 8월: 응원 경찰 800명을 제주도에 추가 파견 10월: 제주도 경비사령부 설치, 중산간 지역의 무허가 통행금지, 여수·순천 사건 11월: 계엄령 선포, 조천면·애월면(涯月面)에서 토벌대가 주민을 집단 학살	2월: 유엔이 남조선 단독 선거 안건을 가결 7월: 이승만의 대통령 선출, 제1공화국 헌법 제정 8월: 대한민국 수립 선언, 해주에서 남조선인민대표자회의 개최 9월: 조선민주주의인민공화국 수립 12월: 국가보안법 공포	한신(阪神) 교육 투쟁

1949	1월: 신촌 국민학교가 불타고 박성규가 사흘 동안 실종됨, 가을쯤 박희방·김영홍·박성규·박동규·박원규가 세토 내해를 경유해 오사카로 다시 도항한 것으로 추정	1월: 북촌리 학살 사건 4월: 이승만 제주도 방문 5월: 두 개 선거구에서 재선거 실시 6월: 이덕구 무장대 사령관 전사 10월: 제주비행장에서 학살	4월: 한일 통상협정 조인 5월: 국회 프락치 사건 6월: 김구 암살, 미군이 군사고문단을 남기고 철수	
1950		7월: 제주읍과 서귀포에서 예비검속자 학살 8월: 제주비행장과 송악산에서 예비검속자 학살	6월: 한국전쟁 발발 9월: 유엔군의 인천 상륙 10월: 신천(信川) 학살 사건, 중국 의용군 참전	
1951	박성규가 서금리 중학교에 입학	8월: 이승만이 제주 방문	2월: 거창(居昌) 양민 학살 사건 7월: 개성에서 휴전회담 개시	10월: 한일회담의 예비 회담
1952	6월: 박성규가 스이타 사건에 참가 9월: 박현규 출생	6월: 미군 제8 사령관 제주 시찰, 무장대가 제주방송국 습격 10월: 무장대가 서귀포 발전소 습격	1월: 이승만 라인 선포 8월: 이승만 재선 9월: 유엔군의 평양 폭격	2월: 한일회담 제1차 회담
1953	박준자가 신촌 국민학교에 입학했으나 얼마 지나지 않아 등교하지 않음, 박정희가 세 번 만에 일본 도항에 성공	11월: 무장대 최후의 전투 책임자 고대성(高大成) 체포	7월: 한국전쟁 휴전협정 조인	

가족의 역사를 씁니다

1954	박성규가 도쿄 도립 조선인학교 중퇴하고 여름부터 금속 공장에서 일하기 시작	9월: 한라산 금족령 해제	11월: 사사오입 개헌, 한미 경제·군사 원조 합의	
1955	박준자가 봄 무렵에 오사카로 도항 후(추정) 모자 공장 등지에서 일함, 박정희가 이연규와 결혼	1월: 무장대가 자위대장 박동우(朴東雨) 체포 9월: 제주읍이 제주시로 승격 11월: 제주 대학교 설립		5월: 재일본조선인총연합회 결성
1956	박정희·이연규가 양복 공장을 경영하기 시작	3월: 제주비행장을 민간공항으로 개설	5월: 이승만 삼선	
1957		3월: 이승만이 제주도 방문 4월: 최후의 무장대원 오원권(吳元權) 체포	7월: 유엔군사령부를 도쿄에서 서울로 이전	12월: 김석범이 『까마귀의 죽음』 발표
1958		1월: 제주비행장이 국제공항으로 발전 11월: 4·3 사건의 경민(警民) 합동 추도식	9월: 북한이 천리마 운동을 본격적으로 전개	
1959		3월: 제주-서귀포 사이에 전신전화선 개통	8월: 북한과 일본이 재일조선인 귀환 협정 조인 12월: 첫 귀국선이 청진항에 도착	
1960	박성규가 나사 공장을 경영하기 시작	5월: 제주대학교에서 4·19 희생 학생의 합동위령제를 개최하고 '4·3 사건 진상 규명 동지회'를 결성	3월: 대통령 선거에 이승만 당선 4월: 4·19 혁명으로 이승만 하야 7월: 민의원과 참의원을 선출하는 총선거 실시	베트남 전쟁 발발

		2월: 재일교포 조국방문단 21명이 제주도 방문 9월: 박정희가 처음으로 제주도 방문	5월: 군사 쿠데타가 일어나 군사혁명위원회(나중에 국가재건최고회의로 개칭) 발족 7월: 최고회의 의장에 박정희 취임, 북한이 중국·소련과 우호 협력 상호 원조 조약 체결	
1961				
1962		4월: 재일(在日) 제주개발협회의 방문단이 제주도를 방문 11월: 제주신문사·제주일보사가 제주신문으로 통합	1월: 한국에서 제1차 경제개발 5개년 계획 개시 11월: 중앙정보부장 김종필과 일본외상 오히라(大平)의 메모 합의 12월: 개헌안 국민투표 실시	
1963	박성규의 결혼	10월: 5·16 횡단도로 개통, 제주관광호텔 개관	10월: 박정희 대통령 취임 12월: 제3공화국 발족	
1964	박준자의 결혼	3월: 제주도 건설 종합계획 심의회 발족 4월: 박정희의 제주도 방문	6월: 한일회담 반대 시위 9월: 한국이 베트남에 파병 시작	
1965		3월: 제주도를 방문한 박정희가 한일청구권 자금으로 일주도로를 포장하겠다고 공약 8월: 한일조약 반대 시위	6월: 한일조약 조인, 한일어업협정 체결	

		5월: 재일제주개 발협회가 귤 묘목 7000그루 기증	7월: 한미행정협 정 조인	중국의 문화대혁 명 시작
1966				
1967	박정희·이연규가 운영하던 양복 공 장이 화재로 소실 되고, 박정희가 불 고기 식당 신낙원 영업 시작	12월: 제주시-대 정(大靜), 제주시- 표선(表善)을 잇 는 산업도로 개통	5월: 박정희 재선 6월: 국회의원 선 거	
1968		7월: 제2 횡단도 로 착공 8월: 북한의 무장 게릴라 14명이 서 귀포 해안에 출몰	1월: 1·21 사태 (북한의 무장 게 릴라 31명이 서울 에 침입해 서울 시 내에서 교전을 벌 인 사건) 발발, 푸 에블로호 나포 12월: 국민교육헌 장 반포	오가사하라제도 (小笠原諸島) 반 환
1969	김영홍이 제주도 로 돌아감, 텐노 지 야간중학교 창 설(이때 박준자가 입학한 듯)	10월: 제주-오사 카 사이에 첫 국 제항공 노선 취항	6월: 학생들이 삼 선개헌 반대 시위 10월: 삼선개헌을 국민투표로 승인	
1970		2월: 제주민속박 물관 개관	4월: 새마을운동 시작 9월: 신민당이 대 통령 후보로 김대 중을 지명	3월: 요도호 사건
1971	박정희가 긴키 대학 근처에서 다방 실크 로드 운영 시작	5월: 제주-오사카 직항 항공노선 취항 12월: 제주도 개발 5개년 계획 작성	4월: 대통령 선거 로 제7대 대통령 에 박정희 삼선	

1972		2월: 박정희가 연두 순시를 통해 제주 도를 국제관광지로 삼으라고 지시 5월: 제주관광종 합개발 계획 작성 7월: 제주시 새마 을 촉진대회 개최	7월: 남북공동성명 10월: 10월 유신 12월: 유신헌법 공포 및 제4공화 국 수립, 김일성이 국가주석으로 취 임하고 수도를 평 양으로 정함	중일 공동성명, 오 키나와 반환
1973	박성규가 나사 공 장을 접고 혼자 도 쿄로 이주	2월: 일주도로 확 장 정비사업 완공 12월: 제2 횡단도 로 포상 완료	6월: 평화통일 선 언 8월: 김대중 납치 사건	
1974		5월: 재일의료봉 사단이 제주에서 진료 활동 11월: 신제주조성 계획 발표	4월: 민청학련 사 건 8월: 박정희 저격 사건으로 부인 육 영수 사망	
1975	박성규가 오사카 로 돌아와 마작 오 락실을 경영하기 시작	3월: 제주도 개발 촉진법 제정을 정 부에 건의	5월: 대통령 긴급 조치 9호 발표(반 정부 운동 금지) 11월: 재일코리안 유학생 체포	
1976			8월: 판문점 도끼 만행 사건	남북 베트남 통일
1977		2월: 신제주건설 계획 확정 3월: 재일교포 간 첩단 11명 검거	6월: 한국에서 원 자력발전 1호기 운전을 시작 12월: 수출 100억 달러 달성	
1978	박성규가 금융업 을 거쳐 산업폐기 물 처리 사업을 시 작(추정), 박준자 는 텐노지 야간중 학교 졸업	7월: KBS 제주방 송국이 컬러텔레 비전 방송 시작 10월: 현기영 「순 이 삼촌」 발표	12월: 박정희가 제9대 대통령에 취임	
1979	김영홍 사망, 박현 규 결혼	10월: 박정희 암 살에 따른 제주도 내 대학 휴교	10월: 박정희 암살 12월: 12·12 쿠데 타	중국·베트남 전쟁 (중월전쟁)

가족의 역사를 씁니다

1980		4월: 제주 대학교 학생들이 자치에 기초한 학칙 개정을 요구하며 농성 11월: 전두환이 제주도 방문	5월: 광주민주화운동 10월: 북한노동당 제6회 당대회에서 김정일 서기를 당서열 2위에 선임	
1981		2월: 대한항공이 제주-오사카 직항로를 개설	1월: 김대중의 사형 확정 3월: 전두환이 대통령에 취임하고 제5공화국 성립	
1982		5월: 제주 대학이 종합대학으로 승격 8월: 제주도종합개발계획 발표	1월: 야간통행금지령 전면 해제	
1983			6월: KBS에서 이산가족 찾기를 텔레비전으로 생방송 9월: 대한항공기 격추 참사	
1984	박사라 출생	11월: 첫 남북 경제회담 개최		10월: 김석범이 『화산도』로 오사라기 지로(大佛次郎) 상을 수상
1985	박희방 별세	10월: 조천면이 조천읍으로 승격	5월: 미문화원 점거 사건 9월: 남북 이산가족 상호 방문 12월: 북한이 NPT 체결	
1986		5월: 제주 대학교 학생 500여 명이 광주민주화운동의 진상 규명을 요구하며 시위		

1987		6월: 제주 대학교 학생을 중심으로 민주화 요구 시위 8월: 서울에서 제주 사회문제 협의회 결성	6월: 6·10 항쟁, 노태우가 6·29 민주화 선언 발표 11월: 대한항공기 폭파 사건	
1988		1월: 탑동(塔洞) 매립공사 착공에 따라 해녀들의 시위와 농성이 이어짐 4월: 노교에서 4·3 사건 40주년 기념 행사 10월: 4·3 사건 반공유족회 발족	2월: 노태우가 제13대 대통령에 취임하여 제6공화국 성립 9월: 서울 올림픽 개최 12월: 한국의 무역 규모가 1000억 달러를 돌파	
1989		4월:『제주신문』 '4·3의 증언' 연재 시작, 제1회 제주 항쟁 추모제 개최 5월: 제주 4·3 연구소 창설	7월: 국민건강보험 실시	6월: 천안문 사건
1990	박난희 별세	6월:『제민일보』 창간, '4·3의 증언'이 '4·3을 이야기하다'로 연재 재개, 제주도 4·3 사건 민간인 희생자 유족회 발족	9월: 한국과 소련 국교 수립 11월: 한국정신대 문제대책협의회 발족	
1991		4월: 유족회 주최로 제1회 4·3 사건 위령제 개최 8월: 도지사 경질 9월: 제주도개발 특별법 반대 범도민회 결성	2월: 조선노동당 대표단 방일 8월: 김학순이 종군위안부로서 증언 9월: 남북한이 유엔 동시 가입	

가족의 역사를 씁니다

연도				
1992		3월: MBC가 대하 드라마 <여명의 눈동자>에서 4·3 사건을 묘사	1월: 첫 북미 고위 관료급 회담 5월: IAEA 사찰단이 북한의 핵 시설을 사찰	
1993		3월: 도의회가 4·3 특별위원회를 조직 10월: 도민 1만 7000명이 국회 4·3 특별위원회 구성을 요구하는 청원서에 서명하여 제출	2월: 김영삼이 제14대 대통령에 취임 3월: 북한이 NPT 탈퇴 선언 5월: 광주민주화운동 명예회복 운동 6월: 북미 공동선언	
1994		1월: 간사이 제주 도민회 발족 2월: 도의회가 4·3 피해 조사에 착수 4월: 4·3 사건 희생자 합동위령제 개최	6월: 북한이 IAEA 탈퇴를 표명 7월: 김일성 사망 10월: 북미 제네바 합의	
1995		5월: 4·3 피해 조사 제1차 보고서 발간	12월: 전두환 체포	8월: 무라야마(村山) 담화 발표
1996		3월: 도지사가 정부에 4·3 진상 규명을 정식으로 요청	4월: 한미 4자회담 제안 7월: KBS가 위성 방송 개시 12월: 한국이 OECD에 가입	

▶▶

1997		4월: 4·3 50주년 기념사업 추진 범 국민회원회 결성	4월: 전두환에게 무기징역을 확정 했으나 12월에 특 사로 석방 10월: 김정일이 총서기에 선출
1998		2월: 범국민위원 회가 '4·3 50주년 학술기념 심포지 엄' 개최 4월: 50주년 위령 제를 제주도를 비 롯한 도쿄·오사카 에서도 개최	2월: 김대중이 제15 대 대통령에 취임 8월: 북한이 장거리 로켓 대포동 발사 10월: 21세기의 새로운 한일 파트 너십 공동선언 11월: 금강산 관 광 개시
1999		3월: '제주 4·3 진 상 규명과 명예 회복을 위한 도민 연대' 결성 6월: 김대중이 제 주도 방문하여 위 령 공원 조성을 위해 특별교부세 30억 원을 지원하 겠다고 약속 12월: 4·3 특별법 국회 통과	6월: 남북이 서해 해상에서 총격전
2000		1월: 4·3 특별법 공포 8월: 4·3 위원회 성립 10월: 재일본 제주 4·3 유족회 발족	6월: 남북정상회 담에서 남북 공동 성명 발표 8월: 제1회 이산 가족 재개 11월: 김대중이 노벨평화상 수상
2001	박동규 별세	12월: 제주국제자 유도시특별법 채택	1월: 김정일이 중 국 방문

가족의 역사를 씁니다

2002		11월: 4·3 위원회가 4·3 사건 희생자로 1715명을 첫 공식 인정	12월: 노무현이 대통령으로 당선, 북한이 IAEA 사찰단을 국외로 내보냄	5월: 한일 공동 월드컵 개최 9월: 북일 평양 선언
2003	박제규 별세	10월: '제주 4·3 사건 진상조사 보고서' 확정, 노무현이 제주도를 방문하여 정부를 대표해 4·3 사건의 희생자 유족에게 사죄	1월: 북한이 NPT 탈퇴 선언 2월: 노무현이 제16대 대통령에 취임 8월: 베이징에서 북한 문제에 관한 6자 협의	
2005		1월: 정부가 제주도를 '세계 평화의 섬'으로 지정 10월: 4·3 위원회가 4·3 사건 관련 수형자를 희생자로 인정	2월: 북한이 핵무기의 제조·보유를 공식적으로 인정 5월: 한국에서 '진실·화해를 위한 과거사정리 기본법' 제정	
2006		4월: 노무현이 4·3 58주년 위령제에 참가 7월: 제주도가 특별자치도가 됨 10월: 제주시에서 제1차 유해 발굴 사업	10월: 북한이 지하 핵실험을 실시	
2007	박사라가 대학의 수업 과제로 생활사 인터뷰 실시	1월: 4·3 특별법 개정 8월: 제주공항에서 제2차 유해 발굴 사업	10월: 남북정상회담 12월: 이명박이 대통령으로 당선	

2008	박사라가 대학원에 진학	1월: 4·3 특별법 개정안 발의 3월: 제주 4·3 평화기념관 개관 11월: 제주 4·3 평화재단 발족	2월: 남대문이 방화로 소실, 이명박이 제17대 대통령으로 취임 5~7월: 미국산 쇠고기의 수입 전면 개방에 항의하는 촛불시위가 전국으로 확산	
2009		4월: 제주 4·3 희생자 각명비 준공 10월: 제주 4·3 행방불명자 표석 준공	5월: 노무현 전 대통령이 자택 부근에서 투신 사망, 북한이 두 번째 핵실험	
2010		1월: 강정해군기지 기공식 사업 저지 투쟁으로 주민·활동가 50여 명 연행 8월: 4·3 평화공원 유해 봉안관 준공	9월: 김정은이 인민군 대장·당중앙군사위원회 부위원장에 선임 11월: 연평도 포격 사건	
2011	박사라 결혼, 박성규 별세, 이연규 별세	6월: 정부가 강정마을 해군기지 건설 공사를 강행하여 주민과 충돌 8월: 4·3 사건 생존 희생자 및 유족에게 생활 보조금 지급 시작	8월: 헌법재판소가 종군위안부 문제를 둘러싼 한국 정부의 부작위가 위헌이라고 판단 12월: 김정일 국방위원장 병사, 김정은이 조선인민군 최고사령관에 취임	
2012	박현규 퇴직		12월: 박근혜가 대통령으로 선출	8월: 이명박이 독도 방문

가족의 역사를 씁니다

2013	박사라가 대학원 박사후기 과정 연구지도 인정 퇴학	8월: 4·3 특별법을 개정 공포 11월: 4·3 사건을 공산 폭동으로 규정하는 '제주 4·3 정립 연구·유족회' 결성	2월: 북한이 세 번째 핵실험에 성공했다고 발표, 박근혜가 제18대 대통령에 취임	
2014	박현규가 오키나와로 이주	3월: '4·3 사건 희생자 추모의 날'이 국가기념일로 지정	4월: 세월호 참사	
2015		4월: 제1회 4·3 평화상을 김석범이 수상, '제주 4·3을 바로잡는 애국·안보 연합 총궐기대회'를 우익단체가 개최	11월: 한일정상회담, 김영삼 대통령 병사 12월: 위안부 문제를 둘러싼 한일 합의	8월: 전후 70년 아베(安倍) 담화 발표
2016		3월: 4·3 유족회 행방불명자 협의회 발족	1월: 북한이 첫 수소폭탄 실험이 성공했다고 발표	
2017		4월: 제2회 4·3 평화상을 브루스 커밍스(Bruce Cumings)가 수상	3월: 헌법재판소가 박근혜 대통령의 탄핵소추안을 승인, 그날로 대통령 파면 5월: 문재인이 제19대 대통령에 취임	
2018		4월: 문재인이 제주 4·3 희생자 추념식에 출석해 "4·3의 완전한 해결을 위해 흔들리지 않고 나아갈 것"을 약속	2월: 평창 동계올림픽 4·5월: 제1, 2차 남북정상회담	

글의 출처

- 여는 글, 제1장: 「집의 역사를 쓰다―제1회 생활사의 입구(家の歴史を 書く―第一回 生活史の入口)」(『at 프라스 31(atプラス 31)』, 太田出版, 2017년)를 가필 수정.
- 제2장: 「집의 역사를 쓰다―제2회 아무도 모른다(家の歴史を書く―第 二回 誰も知らない)」(『at 프라스 32』, 太田出版, 2017년)를 가필 수정.
- 제3장부터는 새로 집필.

가족의 역사를 씁니다

가족의 역사를 씁니다

– 어느 재일 사회학자가 쓴 가족의 생활사

2023년 5월 4일 초판 1쇄 발행

지은이　　박사라
옮긴이　　김경원
펴낸이　　류지호
편집　　　이상근, 김희중, 곽명진
디자인　　박은정
펴낸 곳　　원더박스 (03169) 서울시 종로구 사직로10길 17, 301호
대표전화　02-720-1202
팩시밀리　0303-3448-1202
출판등록　제2022-000212호(2012. 6. 27.)

ISBN 979-11-92953-04-5 (03910)